Por qué Tender tu Cama

Cómo los Hábitos Matutinos Moldean tu Vida

Pedro Agüero Vallejo

Tabla de contenido

Introducción

El comienzo de cada día es un momento crucial que puede influir en nuestra actitud, productividad y bienestar general. Al adoptar una rutina matutina saludable y consciente, podemos establecer una base sólida para el resto de nuestras actividades diarias.

Uno de los hábitos más simples pero poderosos que podemos practicar es hacer nuestra cama todas las mañanas. En este libro, exploramos por qué hacer nuestra cama puede marcar la diferencia en nuestra vida, y cómo los hábitos matutinos pueden moldear nuestra mentalidad y resultados a lo largo del día.

Hacer la cama es una práctica que puede tener beneficios tanto estéticos como psicológicos. Aunque no es una tarea obligatoria, hacer la cama puede contribuir a una vida más ordenada, disciplinada y placentera.

¨Por qué Tender tu Cama: Cómo los Hábitos Matutinos Moldean tu Vida, ¨ es un libro que explora la importancia de los hábitos matutinos y cómo pueden influir en nuestra vida de manera significativa. A través de estas páginas, descubrirás la sabiduría sencilla y los consejos prácticos que te motivarán a querer vivir cada mañana con optimismo y determinación, incluso en los momentos más oscuros de la vida.

La mañana es un momento poderoso, lleno de oportunidades para establecer el tono de nuestro día y dar forma a nuestra realidad. Al tomar pequeñas acciones, como hacer tu cama, practicar la gratitud y establecer intenciones diarias, puedes transformar tu vida de manera positiva. Este libro te guiará en un viaje de descubrimiento personal, brindándote las herramientas necesarias para desarrollar y mantener hábitos matutinos saludables que te llevarán hacia el éxito y el bienestar.

Aunque puede parecer una tarea insignificante, hacer la cama tiene varios beneficios:

Hábito y disciplina: Hacer la cama todas las mañanas puede ser parte de una rutina diaria que te ayude a establecer hábitos y disciplina en tu vida. Al completar esta tarea simple pero significativa, puedes empezar el día con un sentido de logro y motivación.

Bienestar mental: Al hacer la cama, estás creando un ambiente tranquilo y armonioso en tu dormitorio. Entrar en una habitación ordenada y acogedora puede tener un impacto positivo en tu estado de ánimo y bienestar mental.

Productividad: Hacer la cama por la mañana puede darte un impulso de productividad. Al completar una tarea pequeña pero tangible al comienzo del día, puedes establecer un tono positivo y sentirte más motivado para abordar otras tareas importantes a lo largo del día.

A lo largo de sus doce capítulos, explorarás temas como la importancia de levantarte temprano, el poder de la meditación y la conexión interna, la nutrición adecuada, el aprendizaje temprano y la planificación efectiva. Cada capítulo te brindará valiosos conocimientos, consejos prácticos y palabras de aliento que te inspirarán a crear una rutina matutina que te empodere y te impulse hacia el logro de tus metas.

Prepárate para transformar tus mañanas y, en última instancia, tu vida. ¡Es hora de descubrir por qué hacer tu cama puede ser el primer paso hacia una vida plena y satisfactoria!"

Capítulo 1:

El poder de los hábitos matutinos

Era un amanecer fresco y luminoso. El sol comenzaba a asomarse por el horizonte, despertando la ciudad con su cálida luz. En una pequeña habitación, María abrió los ojos y se levantó de la cama con energía. Ella sabía que cada mañana era una oportunidad para comenzar de nuevo, para escribir un nuevo capítulo en su vida. ¿Cuál sería su primer acto del día? ¿Cómo moldearía su día a través de sus hábitos matutinos?

María siempre había sido una persona consciente de la importancia de las mañanas. Sabía que el modo en que comenzaba su día tenía un impacto significativo en su bienestar y en la dirección que tomarían sus acciones. Por eso, había decidido adoptar una rutina matutina poderosa.

"¿Por qué hacer mi cama?", se preguntó María mientras se acercaba a la cama desordenada. Alisó las sábanas y acomodó las almohadas con cuidado. Aunque parecía un gesto simple, hacer su cama se había convertido en un pequeño acto de orden y disciplina que establecía el tono para el resto de su día. Le recordaba que tenía el control sobre su entorno y que podía lograr cualquier cosa que se propusiera.

A medida que María comenzaba a interiorizarse en el poder de los hábitos matutinos, descubrió que no estaba sola en su búsqueda. Muchas personas exitosas y realizadas habían incorporado hábitos matutinos en sus vidas. Desde levantarse temprano hasta hacer ejercicio, meditar o leer, cada uno tenía su propia fórmula para comenzar el día con el pie derecho.

Investigó y se inspiró en las historias de personas como Camilo, un emprendedor exitoso que atribuía su productividad y claridad mental a su rutina matutina. Camilo se levantaba antes del amanecer y dedicaba tiempo a la meditación y la visualización de sus metas. Sentía que estos momentos de introspección y conexión consigo mismo le brindaban la fuerza y el enfoque necesarios para enfrentar los desafíos del día.

María se sintió inspirada por estas historias y decidió que también era hora de crear su propia rutina matutina. Quería aprovechar al máximo las horas tempranas del día, cuando la mente estaba fresca y despejada. Por eso, estableció el objetivo de levantarse una hora antes de lo habitual y dedicar ese tiempo a actividades que la nutrieran física, mental y emocionalmente.

El primer paso de María fue establecer una alarma matutina y colocarla lejos de su cama, para evitar la tentación de apagarla y volver a dormir. Además, preparó su ropa de ejercicio la noche anterior, para poder realizar una breve sesión de actividad física en casa.

Con el tiempo, María descubrió que estos pequeños cambios en su rutina matutina no solo le proporcionaban más energía y vitalidad durante el día, sino que también le brindaban una sensación de propósito y control sobre su vida. Se sentía empoderada al saber que estaba moldeando su vida desde el momento en que se levantaba.

En la vida, a menudo nos enfrentamos a desafíos y obstáculos que pueden hacer que nos sintamos abrumados y sin control. Sin embargo, existe un pequeño hábito matutino que puede marcar una gran diferencia en nuestra actitud, enfoque y bienestar general. Ese hábito es tan simple como tender la cama todas las mañanas.

Puede parecer un gesto insignificante, algo que se pasa por alto en medio del ajetreo diario. Pero, ¿alguna vez te has detenido a pensar en el significado y las implicaciones de tender tu cama cada día? Tender tu cama es más que una simple tarea doméstica. Es un acto de orden, disciplina y cuidado personal que puede moldear tu vida de maneras sorprendentes.

En primer lugar, tender tu cama todas las mañanas te proporciona un sentido de logro y orden desde el primer momento del día. Al levantarte y arreglar tu cama, estás enviando un mensaje claro al universo y a ti mismo de que estás listo para enfrentar el día con determinación y propósito. Es un pequeño acto de autodisciplina que establece el tono para el resto de tus actividades.

Además, tender tu cama te ayuda a crear un entorno limpio y ordenado en tu espacio personal. Cuando tu cama está bien arreglada, tu habitación se ve más ordenada y organizada. Esto contribuye a una sensación de calma y tranquilidad en tu entorno, lo cual tiene un impacto directo en tu estado de ánimo y enfoque mental. Un espacio limpio y ordenado promueve la claridad mental y te ayuda a mantenerte concentrado en tus metas y tareas diarias.

Tender tu cama también refuerza la importancia de la responsabilidad y el compromiso. Al cumplir con este pequeño acto cada día, estás cultivando la disciplina y la responsabilidad hacia ti mismo y tu entorno. Estás demostrando que tienes el poder de tomar el control de tu vida y de establecer hábitos saludables que te lleven hacia el éxito.

Pero, ¿cómo un simple acto como tender la cama puede moldear realmente tu vida? La respuesta está en los hábitos. Los hábitos matutinos son fundamentales para establecer una base sólida para el día. Al comenzar tu mañana con un hábito positivo y productivo como tender tu cama, estás sentando las bases para otros hábitos saludables y productivos a lo largo del día.

Tender tu cama se convierte en el primer éxito del día, y ese éxito impulsa tu motivación y confianza en ti mismo. Te brinda la mentalidad necesaria para enfrentar desafíos, superar obstáculos y perseguir tus metas con determinación. Los hábitos matutinos positivos se convierten en una cadena de éxitos y te ayudan a alcanzar un mayor bienestar físico, mental y emocional.

Así que, tender tu cama puede parecer un acto simple, pero tiene el poder de transformar tu vida. Es el primer paso para establecer hábitos matutinos saludables que te permitan aprovechar al máximo cada día. Desde la sensación de logro y orden, hasta la creación de un entorno propicio para la claridad mental y la responsabilidad personal, tender tu cama es un hábito poderoso que te moldea como persona y te impulsa hacia una vida más plena y satisfactoria.

La próxima vez que te levantes por la mañana, no olvides el significado y las implicaciones de tender tu cama. Tómalo como un acto consciente y significativo que te brinda una base sólida para el día y te encamina hacia una vida llena de éxito y bienestar.

Caminemos juntos el fascinante mundo de los hábitos matutinos y cómo pueden influir en nuestra vida. Descubramos las herramientas y estrategias necesarias para construir una rutina matutina que nos impulse hacia el éxito y la felicidad. ¡Prepárate para transformar tus mañanas y comenzar a vivir una vida llena de significado y realización!

Espero que este primer capítulo te haya inspirado a reflexionar sobre el poder de los hábitos matutinos y cómo pueden moldear tu vida. En los siguientes capítulos, exploraremos diferentes aspectos de la rutina matutina y cómo puedes incorporarlos de manera práctica y efectiva en tu día a día. ¡Acompáñame en este viaje hacia una vida más plena y satisfactoria a través de los hábitos matutinos!

Cada mañana es una nueva oportunidad para escribir el próximo capítulo de tu vida. ¡No subestimes el poder de hacer tu cama y comenzar el día con determinación y optimismo!

Cómo impactan de los hábitos matutinos en nuestra vida

Los hábitos matutinos tienen un impacto profundo en nuestra vida diaria. Nos brindan la oportunidad de comenzar el día de manera positiva, establecer intenciones claras y aprovechar al máximo nuestro tiempo. Estos hábitos nos ayudan a cultivar una mentalidad de éxito, mantener un estilo de vida saludable, cuidar de nosotros mismos y crecer como individuos. Al incorporar hábitos matutinos positivos, podemos moldear nuestra vida en una dirección más satisfactoria y plena.

Los hábitos matutinos tienen un impacto significativo en nuestra vida diaria. La forma en que comenzamos nuestras mañanas puede influir en nuestro estado de ánimo, nivel de energía y productividad a lo largo del día. Estos hábitos establecen el tono para nuestra jornada y pueden moldear nuestra vida en diversos aspectos. Veamos cómo los hábitos matutinos impactan nuestra vida:

Actitud y estado de ánimo: Los hábitos matutinos pueden determinar nuestra actitud y estado de ánimo durante el día. Si comenzamos la mañana de manera positiva, con prácticas como la gratitud, la meditación o el ejercicio, es más probable que nos sintamos optimistas y motivados. Estos hábitos nos ayudan a enfocarnos en lo positivo, cultivar la calma y establecer una mentalidad de éxito.

Productividad y enfoque: Los hábitos matutinos nos permiten establecer una rutina y aprovechar al máximo nuestro tiempo. Al dedicar tiempo a actividades como la planificación, establecimiento de metas y prioridades, nos preparamos para un día más productivo. Estos hábitos nos ayudan a enfocarnos en las tareas importantes, evitar la procrastinación y mantener la concentración en nuestras metas.

Salud y bienestar: Los hábitos matutinos tienen un impacto directo en nuestra salud física y emocional. Practicar ejercicio, tener una alimentación saludable y cuidar nuestra higiene personal contribuyen a mantener un estilo de vida saludable. Estos hábitos fortalecen nuestro sistema inmunológico, mejoran nuestra energía y nos ayudan a manejar el estrés de manera más efectiva.

Autocuidado y autorreflexión: Los hábitos matutinos nos brindan un tiempo dedicado al autocuidado y la autorreflexión. Al practicar actividades como la meditación, la lectura, escribir en un diario o tener momentos de tranquilidad, nos conectamos con nosotros mismos a un nivel más profundo. Estos hábitos nos permiten conocernos mejor, identificar nuestras necesidades y establecer un equilibrio en nuestra vida.

Crecimiento personal y desarrollo: Los hábitos matutinos pueden contribuir al crecimiento personal y al desarrollo de nuevas habilidades. Al dedicar tiempo a actividades como la lectura, el aprendizaje o la práctica de pasiones y hobbies, ampliamos nuestros conocimientos, desarrollamos nuevas habilidades y cultivamos nuestra creatividad. Estos hábitos nos permiten expandir nuestra mente y crecer como individuos.

Beneficios de establecer una rutina matutina

Establecer una rutina matutina conlleva numerosos beneficios para nuestra vida diaria. Estos hábitos regulares y predecibles nos proporcionan estructura, enfoque y bienestar emocional. Veamos algunos de los beneficios de establecer una rutina matutina:

Mayor productividad: Una rutina matutina bien planificada nos ayuda a aprovechar al máximo nuestro tiempo. Al tener un horario establecido, sabemos qué tareas realizar y en qué orden, lo que nos permite ser más eficientes y productivos. Esto nos libera de la sensación de estar dispersos o perdidos, y nos ayuda a completar nuestras responsabilidades de manera más efectiva.

Reducción del estrés: Una rutina matutina nos brinda una sensación de control y calma. Al tener un plan establecido, evitamos la sensación de estar apresurados o agobiados. Saber qué hacer y cómo hacerlo nos ayuda a enfrentar el día con menos estrés y ansiedad. Además, al incorporar prácticas de relajación como la meditación o la respiración consciente, podemos reducir aún más el estrés y promover la tranquilidad mental.

Mejor salud física y mental: Una rutina matutina saludable puede incluir hábitos como el ejercicio, la alimentación equilibrada y el cuidado personal. Al dedicar tiempo a estas actividades, promovemos nuestra salud física y mental. El ejercicio matutino nos brinda energía, mejora nuestro estado de ánimo y fortalece nuestro sistema inmunológico. Por otro lado, una alimentación saludable en la mañana nos proporciona los nutrientes necesarios para un rendimiento óptimo y una mente clara.

Mejor enfoque y concentración: Una rutina matutina bien estructurada nos ayuda a preparar nuestra mente para el día. Al incluir actividades que estimulan nuestra concentración, como la lectura, la escritura o la planificación, fortalecemos nuestra capacidad de enfoque. Esto nos permite abordar nuestras tareas con mayor atención y lograr una mayor eficiencia en nuestras actividades diarias.

Mayor autoconocimiento y bienestar emocional: Una rutina matutina puede incluir momentos de reflexión y autocuidado. Al dedicar tiempo a la meditación, la escritura en un diario o la práctica de actividades que nos brindan alegría y bienestar, fortalecemos nuestra conexión con nosotros mismos. Esto nos permite cultivar un mayor autoconocimiento, comprender nuestras necesidades y promover un mayor bienestar emocional.

Establecer una rutina matutina nos proporciona estructura, enfoque y bienestar emocional. Nos ayuda a ser más productivos, reducir el estrés, promover nuestra salud física y mental, mejorar nuestro enfoque y concentración, y cultivar un mayor autoconocimiento y bienestar emocional. Al adoptar una rutina matutina saludable y equilibrada, estamos creando un sólido fundamento para un día exitoso y satisfactorio.

Ejemplos de hábitos matutinos poderosos y transformadores

Cuando hablamos de hábitos matutinos poderosos y transformadores, uno de los primeros ejemplos que viene a la mente es tender la cama. Puede parecer un gesto simple y sin importancia, pero en realidad tiene un impacto significativo en nuestra mentalidad y en el rumbo de nuestro día. Aquí hay algunos ejemplos más de hábitos matutinos poderosos y transformadores que pueden marcar una gran diferencia en nuestra vida, y que en capítulos siguientes habremos de abordar más detalladamente:

Meditación: Practicar la meditación en las primeras horas de la mañana puede ser una forma poderosa de establecer un estado de calma y claridad mental. Sentarse en silencio, enfocarse en la respiración y permitir que los pensamientos fluyan sin juzgarlos nos ayuda a comenzar el día con una mente tranquila y receptiva.

Ejercicio físico: Realizar actividad física por la mañana no solo nos ayuda a mantenernos en forma, sino que también estimula la liberación de endorfinas, hormonas que nos hacen sentir bien. Ya sea salir a correr, practicar yoga o hacer ejercicios en casa, el movimiento matutino nos brinda energía y nos prepara para enfrentar el día con vitalidad.

Lectura inspiradora: Dedicar tiempo a la lectura de libros inspiradores o motivadores en las primeras horas de la mañana puede ser transformador. Sumergirnos en las palabras de sabiduría, las historias inspiradoras o los conocimientos reveladores nos nutren intelectual y emocionalmente, y nos ayuda a comenzar el día con una mentalidad positiva y enriquecedora.

Planificación del día: Tomarse unos minutos para planificar el día por la mañana puede ser un hábito poderoso. Anotar las tareas y prioridades, establecer metas y visualizar cómo queremos que se desarrolle el día nos ayuda a tener claridad y enfoque. Esto nos permite abordar las responsabilidades con una mayor eficiencia y aprovechar al máximo nuestro tiempo.

Prácticas de gratitud: Cultivar la gratitud desde las primeras horas de la mañana puede transformar nuestra perspectiva y actitud. Tomarse un momento para reflexionar sobre las cosas por las que estamos agradecidos nos ayuda a apreciar lo positivo en nuestra vida y a comenzar el día con una mentalidad de abundancia y optimismo.

Alimentación saludable: Iniciar el día con una alimentación equilibrada y nutritiva es otro hábito poderoso. Consumir un desayuno saludable, rico en nutrientes, nos proporciona la energía necesaria para afrontar el día y nos ayuda a mantener un estado de ánimo estable.

Estos son solo algunos ejemplos de hábitos matutinos poderosos y transformadores. La clave está en identificar aquellos que resuenan con nosotros y nos brindan beneficios tangibles en nuestra vida diaria. Al adoptar estos hábitos, nos estamos empoderando para crear un día exitoso, equilibrado y gratificante.

Capítulo 2:

Levántate temprano y tiende tu cama

Levantarse temprano y tender la cama puede parecer una tarea sencilla, pero en realidad es mucho más que eso. Es tu primera victoria del día, es una victoria personal que establece el tono para el resto del día. Al comenzar la mañana con esta pequeña pero significativa acción, nos estamos regalando a nosotros mismos una sensación de logro y disciplina que nos impulsa hacia adelante.

Cuando nos levantamos temprano y dedicamos unos minutos a tender la cama, estamos enviando un mensaje claro a nuestro cerebro y a nuestro ser interior. Estamos diciendo: "Hoy soy capaz de cumplir con las responsabilidades que se me presenten. Estoy listo para enfrentar los desafíos y aprovechar las oportunidades que se presenten en mi camino".

Tender la cama nos brinda una sensación de orden y organización en nuestro entorno inmediato. Es un acto simbólico que representa el cuidado y el respeto que tenemos hacia nosotros mismos y hacia nuestro espacio vital. Al hacerlo, estamos estableciendo una base sólida para el resto de nuestras actividades diarias.

Además, levantarse temprano nos brinda un tiempo invaluable para nosotros mismos. Es un momento tranquilo en el que podemos conectarnos con nuestra esencia, establecer intenciones para el día y enfocarnos en nuestros objetivos. Es un momento propicio para la reflexión, la meditación y el cuidado personal.

Al desarrollar el hábito de levantarnos temprano y tender la cama, también estamos cultivando la disciplina y la constancia. Estas cualidades son fundamentales para alcanzar el éxito en cualquier área de nuestra vida. Nos ayudan a mantener el enfoque, a superar obstáculos y a perseverar en la consecución de nuestros sueños.

Además, levantarse temprano nos brinda la oportunidad de aprovechar al máximo el día. Al ganarle tiempo al reloj, podemos establecer una rutina matutina que incluya actividades beneficiosas para nuestro bienestar físico, mental y emocional. Podemos dedicar tiempo a hacer ejercicio, meditar, leer, planificar el día o disfrutar de un desayuno saludable. Estas acciones nos nutren y nos preparan para enfrentar los desafíos que el día nos presente.

Levantarse temprano y tender la cama es un acto de autodisciplina y autocuidado que nos ayuda a moldear nuestra vida de manera positiva. Es una forma de comenzar el día con una mentalidad de progreso, crecimiento y bienestar. Así que la próxima vez que suene el despertador, recuerda que levantarte temprano y tender la cama es la primera victoria del día. ¡Empieza tu jornada con fuerza y determinación, y prepárate para conquistar el mundo!

El sol se asoma tímidamente por el horizonte, pintando el cielo de tonos dorados y anaranjados. Mientras la ciudad duerme plácidamente, hay alguien que se prepara para enfrentar el nuevo día con energía y determinación. En este capítulo, te invitamos a descubrir el poder transformador de levantarte temprano y cómo esta simple acción puede convertirse en tu primera victoria diaria.

¿Alguna vez te has preguntado por qué algunas personas exitosas eligen comenzar su día antes que el resto del mundo? La respuesta se encuentra en la magia de las primeras horas de la mañana, un tiempo valioso y cargado de potencial. Levantarse temprano no solo te brinda más tiempo, sino que también te permite establecer el ritmo y el tono para el resto del día.

Imagina despertar con calma, sin prisas ni estrés. Respirar profundamente mientras sientes el aire fresco acariciando tu rostro. En ese instante, te das cuenta de que tienes el control sobre tu tiempo y que eres el arquitecto de tu propia vida. Levantarte temprano se convierte en tu primer acto de autodisciplina y te llena de una sensación de logro antes de que el reloj marque la hora punta.

En este capítulo, exploraremos los beneficios y las estrategias para despertar temprano. Descubrirás cómo esta pequeña victoria matutina puede marcar una gran diferencia en tu productividad, bienestar y éxito general. No se trata solo de ganarle unas horas al día, sino de ganarle a la apatía y la inercia que a menudo nos arrastran.

Acompáñanos en este viaje hacia el despertar temprano y descubre cómo aprovechar al máximo esas horas mágicas del amanecer. Desafiaremos tus creencias actuales y te brindaremos consejos prácticos para superar los obstáculos y resistencias que puedan surgir en el camino.

Recuerda, cada mañana es una oportunidad para escribir tu propia historia y comenzar el día con una victoria. Levántate temprano y siente cómo el universo conspira a tu favor. ¡Prepárate para conquistar el amanecer y conquistar tu vida!

Importancia de despertar temprano y aprovechar las horas de la mañana

Despertar temprano tiene un significado especial. Es un acto de autodisciplina y determinación que te coloca en control de tu tiempo y te permite aprovechar al máximo las preciosas horas de la mañana. En estas primeras horas, el mundo está tranquilo y sereno, ofreciéndote un espacio ideal para enfocarte en ti mismo y en tus metas.

Cuando te levantas temprano, te regalas un tiempo invaluable para cuidar de ti mismo. Es un momento para nutrir tu cuerpo, tu mente y tu espíritu. Imagina poder disfrutar de un desayuno tranquilo, saboreando cada bocado sin prisas. O dedicar unos minutos a hacer ejercicio y energizar tu cuerpo, liberando endorfinas y preparándote para enfrentar el día con vitalidad.

Además, despertar temprano te brinda la oportunidad de establecer una rutina matutina que se alinee con tus metas y valores. Puedes dedicar tiempo a la meditación, la visualización de tus objetivos y la planificación de tus tareas. Estas actividades te ayudarán a establecer prioridades claras y a comenzar el día con un sentido de propósito y enfoque.

Aprovechar las horas de la mañana también significa evitar el estrés y las prisas que suelen acompañar a los despertares tardíos. Al despertar con tiempo suficiente, tienes la libertad de moverte a tu propio ritmo y prepararte para enfrentar el día de una manera tranquila y equilibrada. No te sentirás abrumado por la urgencia de llegar a tiempo o por la sensación de estar siempre un paso detrás.

Además, las primeras horas de la mañana son un momento óptimo para trabajar en tus proyectos personales. El silencio y la falta de distracciones te brindan un entorno propicio para la concentración y la creatividad. Puedes dedicar tiempo a escribir, leer, aprender algo nuevo o trabajar en ese proyecto que te apasiona. Aprovecha esta tranquilidad y deja que tus ideas fluyan sin obstáculos.

Recuerda que despertar temprano no significa privarte de sueño o sacrificar tu descanso. Es importante establecer una rutina de sueño adecuada que te permita dormir lo suficiente y despertar sintiéndote descansado y renovado. Al priorizar tu descanso y despertar temprano, estarás creando un equilibrio saludable que te permitirá enfrentar el día con energía y claridad mental.

En resumen, despertar temprano y aprovechar las horas de la mañana es una práctica que te otorga el control de tu tiempo y te brinda la oportunidad de cuidar de ti mismo, establecer metas claras y trabajar en proyectos personales. Es un regalo que te haces a ti mismo cada día, una inversión en tu bienestar y éxito a largo plazo.

Así que mañana, cuando suene el despertador, tómalo como una invitación a despertar temprano y aprovechar las maravillosas oportunidades que te esperan en las horas de la mañana. ¡Levántate y comienza tu día con una victoria!

Consejos para superar la resistencia al despertador

Despertar temprano puede ser un desafío, especialmente si estás acostumbrado a prolongar tu tiempo en la cama. La resistencia al despertador es algo común, pero afortunadamente, hay estrategias efectivas para superarla y levantarte con energía y entusiasmo cada mañana. Aquí te comparto algunos consejos que te serán útiles:

Establece un propósito claro: Antes de irte a dormir, reflexiona sobre la razón por la cual deseas levantarte temprano. Puede ser para tener tiempo para ti mismo, trabajar en tus metas o simplemente disfrutar de la tranquilidad de las primeras horas del día. Tener un propósito claro te motivará a vencer la resistencia al despertador.

Cuando estableces un propósito claro para despertar temprano, le das un significado especial a ese momento del día. Reflexionar sobre tus motivaciones te ayudará a generar una conexión profunda con tu objetivo y a despertar con una mayor determinación y entusiasmo.

Por ejemplo, si tu propósito es tener tiempo para ti mismo, visualiza cómo aprovecharás esas horas extra. Puedes imaginar momentos de paz y silencio, en los que puedas leer ese libro que tanto te apasiona, escribir en tu diario o simplemente disfrutar de una taza de café mientras contemplas el amanecer. Esta visión te llenará de expectativa y te motivará a levantarte con ilusión.

Si tu objetivo es trabajar en tus metas, imagina cómo aprovecharás ese tiempo matutino para avanzar hacia tus sueños. Puedes visualizarte dedicando una hora a ese proyecto importante que tanto te emociona, tomando acciones concretas y sintiendo cómo cada pequeño paso te acerca más a tu objetivo. Esta imagen en tu mente te llenará de inspiración y te impulsará a levantarte con determinación.

Incluso si simplemente deseas disfrutar de la tranquilidad de las primeras horas del día, imagina cómo te sentirás al levantarte y ser testigo del silencio y la serenidad que envuelve todo a tu alrededor. Visualiza cómo te llenas de calma y cómo aprovechas ese tiempo para conectarte contigo mismo, practicar la meditación o simplemente disfrutar de un momento de paz antes de que el bullicio del día comience. Esta visión te infundirá un sentido de propósito y te incentivará a superar cualquier resistencia.

Recuerda que tu propósito es personal y único. No te compares con los demás ni te dejes influenciar por lo que creas que "deberías" hacer. Encuentra aquello que te motive a despertar temprano y te haga sentir emocionado por comenzar tu día de esa manera.

Establecer un propósito claro no solo te ayudará a superar la resistencia al despertador, sino que también te dará un sentido de dirección y significado en tus mañanas. Cada vez que enfrentes la tentación de quedarte un poco más en la cama, recuerda tu propósito y conecta con la emoción que te genera.

Levántate con determinación y ábrete a las infinitas posibilidades que esperan en las primeras horas del día.

¡Tu propósito te espera cada mañana al otro lado del despertador! Levántate y abraza la magia que aguarda en el amanecer.

Coloca el despertador lejos de la cama: Si tu despertador está al alcance de tu mano, es más probable que lo apagues y te vuelvas a dormir. Colocarlo en un lugar alejado de la cama te obligará a levantarte para apagarlo, ayudando a romper el hábito de posponer el despertar.

Crea una rutina antes de dormir: Establece una rutina relajante antes de acostarte, como leer un libro, tomar un baño caliente o practicar la meditación. Esto te ayudará a relajarte y preparar tu mente y cuerpo para un sueño reparador, lo que facilitará despertar temprano al día siguiente.

Cuando se trata de despertar temprano, es fundamental no pasar por alto la importancia de una buena rutina antes de dormir. Esta rutina actúa como un ritual que te ayuda a desconectar del ajetreo del día y a prepararte para un sueño reparador y de calidad.

Una excelente manera de comenzar tu rutina antes de dormir es dedicar un tiempo a la lectura. Escoge un libro que te apasione y que te permita sumergirte en sus páginas. Sumérgete en una historia fascinante o en un libro de desarrollo personal que te inspire. La lectura te ayudará a relajar tu mente, alejándote del estrés y las preocupaciones del día.

Otro componente clave de una rutina antes de dormir es un baño caliente. El agua tibia relaja los músculos y te brinda una sensación reconfortante. Aprovecha este momento para desconectar y disfrutar de un tiempo para ti. Puedes añadir sales de baño aromáticas, aceites esenciales o velas para crear un ambiente aún más relajante y placentero.

La meditación es otra práctica efectiva para incluir en tu rutina nocturna. Dedica unos minutos a sentarte en silencio, cerrar los ojos y centrarte en tu respiración. Permite que tu mente se calme y que los pensamientos se desvanezcan. La meditación te ayudará a liberar el estrés acumulado, aclarar tu mente y a prepararte para un sueño tranquilo y reparador.

Recuerda que cada persona es única, por lo que es importante encontrar una rutina nocturna que se ajuste a tus preferencias y necesidades. Experimenta con diferentes actividades y descubre qué te brinda mayor relajación y bienestar. Puede ser escuchar música suave, escribir en un diario o practicar ejercicios de estiramiento.

Además de relajar tu mente y cuerpo, una rutina antes de dormir te proporcionará una señal clara de que es hora de descansar. Al realizar estas actividades de manera consistente, tu cerebro y tu cuerpo asociarán estas señales con el momento de relajarse y dormir. Esto creará un ambiente propicio para un sueño reparador y te permitirá despertar con más facilidad al día siguiente.

Recuerda que una buena noche de sueño es esencial para despertar temprano y lleno de energía. Dedica tiempo a construir una rutina nocturna que te brinde calma y tranquilidad. A medida que te acostumbres a este ritual, te sorprenderás de cómo te ayuda a relajarte y a prepararte para una mañana llena de posibilidades.

Así que, apaga las luces, prepara tu espacio para dormir y disfruta de tu rutina nocturna. ¡Dulces sueños y un despertar temprano lleno de energía te esperan!

Gradúa el despertar: Si te resulta difícil despertar de golpe con una alarma estridente, considera utilizar una alarma gradual, como una luz que simule el amanecer o un reloj que emita sonidos suaves. Esto permitirá que tu cuerpo se despierte de manera más natural y te ayudará a evitar esa sensación de "sacudida" al levantarte.

Gradúa el despertar: Si te resulta difícil despertar de golpe con una alarma estridente, considera utilizar una alarma gradual, como una luz que simule el amanecer o un reloj que emita sonidos suaves. Esto permitirá que tu cuerpo se despierte de manera más natural y te ayudará a evitar esa sensación de "sacudida" al levantarte.

El sonido estridente de una alarma

¿Te ha pasado despertar de golpe con el sonido estridente de una alarma? Esa sensación de ser sacudido bruscamente por el ruido puede dejarte sintiéndote desorientado y grogui al comenzar el día. Afortunadamente, hay alternativas que te permitirán despertar de manera más suave y natural.

Una opción popular es utilizar una alarma gradual, que simula el amanecer en lugar de un sonido estridente. Estos dispositivos están diseñados para imitar la luz natural del sol y aumentar gradualmente su intensidad en el período previo a tu hora de despertar. Con esta suave transición de oscuridad a luz, tu cuerpo se despertará de manera más natural y sin la brusquedad de una alarma convencional.

Imagina despertar sintiéndote acunado por la luz suave que llena la habitación, como si el sol se filtrara lentamente a través de las cortinas. Tu mente se despertará de manera gradual, sin ser sorprendida ni bruscamente arrancada del sueño. Esta forma gradual de despertar te permitirá iniciar el día con una sensación de calma y tranquilidad.

Otra opción es utilizar un reloj despertador con sonidos suaves y relajantes. En lugar de un ruido estridente, estos relojes emiten sonidos suaves como el canto de los pájaros, el sonido del mar o música suave. Estos sonidos te ayudarán a despertar de manera más gradual y armoniosa, sin interrupciones bruscas en tu descanso.

Al optar por una alarma gradual, estarás respetando los ritmos naturales de tu cuerpo. En lugar de forzar un despertar abrupto, permitirás que tu organismo se adapte de forma más suave al cambio de sueño a vigilia. Esto te ayudará a despertar de manera más natural y a comenzar el día con una sensación de frescura y bienestar.

Además, estas alarmas graduales pueden ser especialmente beneficiosas durante los meses de invierno o en lugares donde el amanecer es tardío. Al simular la luz natural, te ayudarán a ajustar tu reloj interno y a despertar sin problemas, incluso en las mañanas más oscuras.

Recuerda que el objetivo es despertar de manera tranquila y armoniosa. Al elegir una alarma gradual, estarás cuidando de tu bienestar y facilitando la transición de la fase de sueño profundo a un estado de vigilia más suave. Tu cuerpo y tu mente te lo agradecerán al comenzar el día con mayor serenidad y vitalidad.

Así que, la próxima vez que ajustes tu alarma, considera optar por una opción gradual que te permita despertar de manera suave y natural. Permítete un despertar gradual, como una suave melodía o una luz que imita al amanecer. Despierta en armonía con la naturaleza y comienza tu día con un paso tranquilo y lleno de energía.

Establece una rutina matutina atractiva: Crea una rutina matutina que te motive y te haga desear levantarte temprano. Puede ser disfrutar de un delicioso desayuno, hacer ejercicio, meditar o dedicar tiempo a una actividad que te apasione. Al tener algo agradable que esperar al despertar, será más fácil superar la resistencia y levantarte con entusiasmo.

Imagina despertar por la mañana con una sonrisa en tu rostro y una sensación de emoción por las actividades que te esperan. Al establecer una rutina matutina atractiva, puedes convertir el despertar temprano en un momento que anhelas y disfrutas plenamente.

Una excelente manera de comenzar tu rutina matutina es con un delicioso desayuno. Permítete saborear cada bocado y disfrutar de alimentos nutritivos que te brinden energía para el día. Puedes preparar un plato colorido de frutas frescas, un nutritivo tazón de avena con nueces y miel, o incluso consentirte con un suave batido verde cargado de vitaminas y minerales. Al despertar con la perspectiva de un desayuno delicioso, te darás cuenta de que es algo que vale la pena levantarse temprano.

Otra opción es incorporar el ejercicio en tu rutina matutina. Ya sea que prefieras una sesión intensa de entrenamiento o una caminata relajante al aire libre, mover tu cuerpo por la mañana te llenará de energía y te ayudará a comenzar el día con vitalidad. Puedes elegir una actividad que te apasione, como practicar yoga, correr, hacer pilates o incluso bailar. La clave está en encontrar una forma de ejercicio que te motive y te haga sentir bien. Al tener una actividad física agradable en tu rutina matutina, estarás ansioso por levantarte y comenzar tu día de manera activa.

La meditación también puede ser una parte encantadora de tu rutina matutina. Dedica unos minutos a conectar contigo mismo, a calmar tu mente y a establecer una intención positiva para el día. La meditación te ayudará a cultivar la calma interior y a comenzar tu jornada con claridad y enfoque. Puedes encontrar una postura cómoda, cerrar los ojos y concentrarte en tu respiración, dejando que los pensamientos fluyan y se disuelvan. Al despertar con la perspectiva de un momento de paz y conexión, te sentirás motivado para levantarte y dedicar tiempo a tu práctica de meditación.

Por supuesto, también es importante dedicar tiempo a una actividad que te apasione. Puede ser leer un libro inspirador, escribir en tu diario, pintar, tocar un instrumento musical o cualquier otra cosa que te llene de alegría y satisfacción. Al tener algo que te entusiasme hacer por las mañanas, te levantarás con una sonrisa y con la certeza de que te espera un tiempo valioso para dedicarte a tus pasiones.

Recuerda que tu rutina matutina es personal y debe adaptarse a tus preferencias y necesidades. Experimenta con diferentes actividades y descubre qué te motiva y te hace sentir bien. Puedes combinar diferentes elementos en tu rutina o enfocarte en una sola actividad que te brinde plenitud. La clave es crear una rutina matutina que te motive y te haga desear levantarte temprano cada día.

Al establecer una rutina matutina atractiva, estarás dando un regalo a ti mismo: un momento especial para cuidarte, nutrirte y disfrutar de actividades que te llenen de alegría. Levantarte temprano ya no será un desafío, sino una oportunidad emocionante para comenzar tu día de la mejor manera posible.

Así que, crea una rutina matutina que te haga desear levantarte temprano. Permítete disfrutar de un delicioso desayuno, mover tu cuerpo, meditar y dedicar tiempo a tus pasiones. ¡Levántate con entusiasmo y vive cada mañana como una experiencia llena de posibilidades!

Aprovecha la motivación externa: Busca apoyo y compañía en personas que también deseen despertar temprano. Pueden ser amigos, familiares o incluso grupos en línea dedicados a despertar temprano. Compartir tus metas y desafíos con otros te brindará motivación adicional y te ayudará a mantener el compromiso.

El camino hacia el despertar temprano puede ser más agradable y motivador cuando compartes esta experiencia con personas que comparten tus objetivos. Buscar apoyo y compañía en aquellos que también desean despertar temprano puede marcar la diferencia en tu compromiso y perseverancia.

Empieza por involucrar a tus amigos y familiares cercanos. Cuéntales tu deseo de despertar temprano y comparte con ellos los beneficios que esperas obtener. Explícales tus metas y cómo esperas que esta rutina matutina transforme tu vida. Puede que encuentres a alguien dispuesto a unirse a ti en este desafío o que ya tengan experiencia en despertar temprano y puedan brindarte consejos y apoyo.

Además de buscar apoyo en tu círculo cercano, puedes ampliar tu red de motivación uniéndote a grupos en línea dedicados a despertar temprano. Estos grupos ofrecen una comunidad de personas que comparten tus metas y desafíos. Puedes participar en foros de discusión, seguir cuentas de redes sociales inspiradoras o incluso unirte a desafíos en línea donde compartes tu progreso y te animas mutuamente.

Compartir tus metas y desafíos con otros te brindará una motivación adicional. Al ver el progreso de los demás y escuchar sus historias de éxito, te sentirás inspirado y te recordarás a ti mismo por qué deseas despertar temprano. Además, compartir tus propios logros y desafíos te mantendrá responsable y te animará a seguir adelante incluso cuando encuentres obstáculos en el camino.

Recuerda que la motivación externa puede ser una fuente poderosa de inspiración, pero también debes cultivar una motivación interna. Conecta con tus propias razones y deseos para despertar temprano. Reflexiona sobre cómo esta rutina matutina puede mejorar tu vida, tu bienestar y tus metas personales. Mantén presente tu propósito y utiliza la motivación externa como un complemento para fortalecer tu determinación.

Aprovechar la motivación externa no solo te ayudará a mantener el compromiso de despertar temprano, sino que también te brindará una comunidad de apoyo y una sensación de camaradería. Juntos, podrán celebrar los logros, superar los desafíos y crecer en esta aventura de despertar temprano.

Así que, busca apoyo y compañía en personas que también deseen despertar temprano. Comparte tus metas, escucha las historias de los demás y nutre tu motivación. ¡Descubre el poder de la comunidad y despierta al amanecer con un equipo que te respalda!

Recuerda que superar la resistencia al despertador requiere tiempo y constancia. No te desanimes si al principio te resulta difícil. Con práctica y determinación, lograrás establecer el hábito de despertar temprano y disfrutar de los beneficios que conlleva.

¡Levántate con valentía y despierta al mundo con una sonrisa! La resistencia al despertador es solo un obstáculo que puedes superar para aprovechar al máximo las mañanas y moldear tu vida de forma extraordinaria.

Ideas para aprovechar el tiempo extra en las mañanas

Imagina despertar temprano, con el sol apenas asomándose por el horizonte y una sensación de calma envolviéndote. Con ese tiempo extra en las mañanas, tienes una valiosa oportunidad de aprovechar al máximo tus horas matutinas. Aquí te presento algunas ideas para sacar el máximo provecho de ese tiempo adicional:

Establece metas diarias: Dedica unos minutos a la mañana para establecer tus metas y prioridades para el día. Escribe una lista de tareas o utiliza una agenda para organizar tu jornada. Al hacerlo, te darás cuenta de cómo el tiempo extra en la mañana te brinda la posibilidad de abordar tus responsabilidades de manera más efectiva y con una mente clara y enfocada.

Imagina despertar en la mañana con una sensación de propósito y dirección. Al dedicar unos minutos a establecer tus metas diarias, te brindas la oportunidad de organizar tu jornada de manera efectiva y aprovechar al máximo el tiempo extra en las mañanas.

Encuentra un lugar tranquilo donde puedas sentarte con calma y reflexionar sobre lo que deseas lograr durante el día. Toma una libreta o utiliza una aplicación en tu dispositivo móvil para escribir tus metas y prioridades. Al hacerlo, estarás creando un mapa para tu día, lo que te permitirá abordar tus responsabilidades con claridad y enfoque.

Comienza identificando tus objetivos principales. ¿Qué es lo más importante que deseas lograr hoy? Puede ser completar un proyecto en el trabajo, estudiar para un examen, hacer ejercicio o dedicar tiempo a una tarea pendiente. Establece metas claras y específicas para cada área de tu vida, ya sea profesional, personal o de bienestar.

Una vez que hayas identificado tus metas principales, elabora una lista de tareas más pequeñas que te ayudarán a alcanzarlas. Divide tus objetivos en pasos prácticos y realizables. Por ejemplo, si tu objetivo es terminar un informe en el trabajo, puedes incluir tareas como investigar, recopilar datos, redactar y revisar. Al desglosar tus metas en pasos más manejables, te resultará más fácil avanzar y mantenerte motivado a medida que los vas completando.

Haz ejercicio: Aprovecha el tiempo extra para mover tu cuerpo y cuidar tu salud. Puedes realizar una rutina de ejercicios en casa, salir a correr o practicar yoga. El ejercicio matutino no solo te ayudará a mantenerte en forma, sino que también te brindará energía y una sensación de logro desde el comienzo del día.

Imagina despertar temprano, estirar tus brazos y sentir una oleada de energía recorrer tu cuerpo. El ejercicio matutino es una forma maravillosa de aprovechar el tiempo extra en las mañanas y cuidar de tu salud de manera integral.

Existen muchas opciones para ejercitarte en la comodidad de tu hogar. Puedes comenzar con una rutina de ejercicios cardiovasculares que eleve tu ritmo cardíaco y te haga sudar. Saltar la cuerda, hacer saltos, sentadillas o burpees son ejercicios efectivos que te ayudarán a fortalecer tu corazón y quemar calorías. Además, no necesitas equipos sofisticados, solo un espacio abierto y tu determinación.

Si prefieres algo más tranquilo, el yoga puede ser la opción perfecta para comenzar tu día. Encuentra una esterilla en un lugar tranquilo de tu hogar, sigue una clase en línea o utiliza una aplicación de yoga. A través de las posturas, la respiración consciente y la meditación, el yoga te brindará equilibrio físico y mental. Te ayudará a estirar tus músculos, mejorar tu flexibilidad y encontrar un estado de calma y serenidad para enfrentar el día con claridad.

Si crcs amante de la naturaleza y te gusta respirar aire fresco, salir a correr o caminar al aire libre es una excelente opción. Busca un parque cercano, una playa o simplemente recorre las calles de tu vecindario. Disfruta de la brisa matutina mientras te mueves, siente cómo tus piernas se fortalecen y cómo tu cuerpo se llena de vitalidad. Además, estar en contacto con la naturaleza te ayudará a conectar contigo mismo y a disfrutar de la belleza que te rodea.

El ejercicio matutino no solo te ayudará a mantener tu cuerpo en forma, sino que también te brindará una sensación de logro y bienestar desde el comienzo del día. Sentirás que has aprovechado tu tiempo de manera productiva y te enfrentarás a las tareas diarias con una mentalidad más positiva y enérgica.

Recuerda que no importa qué tipo de ejercicio elijas, lo importante es encontrar una actividad que te guste y que se ajuste a tus necesidades y preferencias. Escucha a tu cuerpo, establece metas realistas y aumenta gradualmente la intensidad de tus entrenamientos. También es fundamental calentar antes de empezar y estirar después para evitar lesiones.

Así que, aprovecha el tiempo extra en las mañanas para cuidar de tu cuerpo y hacer ejercicio. Elige una actividad que te divierta y te haga sentir bien. Disfruta de la sensación de energía y vitalidad que te brinda el movimiento. ¡Comienza tu día con un impulso saludable y llena de energía!

Practica la meditación o el mindfulness: Dedica unos minutos a la mañana para practicar la meditación o el mindfulness. Siéntate en silencio, cierra los ojos y enfoca tu atención en tu respiración. Deja que los pensamientos fluyan sin juzgarlos y simplemente sé consciente del momento presente. Esta práctica te ayudará a cultivar la calma y la claridad mental, preparándote para un día equilibrado y productivo.

Imagina despertar en la mañana, rodeado de tranquilidad y paz interior. La meditación y el mindfulness son herramientas poderosas que te permiten sumergirte en el presente, dejar a un lado el estrés y encontrar equilibrio mental.

Dedicar unos minutos a la meditación o al mindfulness en las mañanas es como regalarte un momento de calma antes de comenzar el ajetreo del día. Siéntate en un lugar tranquilo, cierra los ojos suavemente y toma conciencia de tu respiración. Observa cómo el aire entra y sale de tu cuerpo, permitiendo que tu atención se centre en el momento presente.

A medida que te sumerges en la práctica, es normal que surjan pensamientos. Sin embargo, la clave es observarlos sin juzgarlos y dejar que fluyan como nubes pasajeras en el cielo. No te aferres a los pensamientos ni te dejes llevar por ellos. Simplemente sé consciente de ellos y redirige tu atención a tu respiración. Al hacerlo, te liberas de las preocupaciones y tensiones que pueden haberse acumulado durante la noche.

La meditación y el mindfulness te ayudan a cultivar la calma interior y a encontrar claridad mental. Te brindan una pausa para reconectar contigo mismo y para soltar el peso de las preocupaciones diarias. A medida que practicas regularmente, desarrollas una mayor capacidad para mantener la atención en el momento presente, lo cual tiene un impacto positivo en tu bienestar general.

Al comenzar tu día con una práctica de meditación o mindfulness, estarás preparándote para un día equilibrado y productivo. Tu mente estará más clara y enfocada, lo que te permitirá abordar las tareas diarias con mayor eficacia. Además, cultivar la calma interior te ayudará a afrontar los desafíos con serenidad y a encontrar soluciones creativas ante cualquier obstáculo.

Recuerda que la meditación y el mindfulness son prácticas que requieren paciencia y constancia. Comienza con solo unos minutos al día y ve aumentando gradualmente el tiempo dedicado a la práctica. A medida que te familiarices con la experiencia, podrás incorporarla de manera más fluida en tu rutina matutina.

Así que, dedica unos minutos a la meditación o al mindfulness en las mañanas. Permítete sumergirte en la calma y la claridad mental. Cultiva una relación más consciente con el presente y disfruta de los beneficios que esta práctica te brinda. ¡Comienza tu día con tranquilidad y equilibrio, listo para enfrentar lo que el día te depare!

Disfruta de un desayuno nutritivo: Tómate el tiempo para prepararte un desayuno saludable y nutritivo. Disfruta de alimentos que te brinden energía y vitalidad, como frutas frescas, cereales integrales, huevos o batidos. Al alimentarte adecuadamente en la mañana, estarás proporcionando a tu cuerpo los nutrientes necesarios para afrontar el día con fuerza y vitalidad.

Imagina despertar con el aroma tentador de un delicioso desayuno esperándote en la cocina. El desayuno es la comida más importante del día y una oportunidad para nutrir tu cuerpo y comenzar tu jornada con energía renovada.

Tómate el tiempo para prepararte un desayuno saludable y nutritivo. Elige alimentos que te brinden los nutrientes necesarios para afrontar el día de manera óptima. Una excelente opción es comenzar con frutas frescas, como plátanos, manzanas, naranjas o bayas. Estas frutas están cargadas de vitaminas, minerales y antioxidantes que te ayudarán a fortalecer tu sistema inmunológico y mantenerte saludable.

Acompaña las frutas con cereales integrales, como avena, granola o pan integral. Estos alimentos te brindan fibra, que es esencial para una buena digestión y para mantener los niveles de energía estables durante toda la mañana. Además, los cereales integrales te proporcionan carbohidratos de calidad, que son la fuente principal de energía para tu cuerpo.

No olvides incluir proteínas en tu desayuno. Los huevos son una excelente fuente de proteínas y te brindan los aminoácidos necesarios para mantener tus músculos fuertes y saludables. Puedes preparar huevos revueltos, huevos cocidos o una deliciosa tortilla con vegetales frescos. Si prefieres una opción vegetariana o vegana, puedes optar por tofu, legumbres o yogur griego, que también son ricos en proteínas.

Si tienes prisa por la mañana, los batidos pueden ser una opción rápida y nutritiva.

Puedes mezclar frutas, vegetales de hoja verde, leche o yogur y añadir una cucharada de semillas de chía o de linaza para obtener un impulso adicional de nutrientes. Los batidos te brindan una combinación equilibrada de vitaminas, minerales y antioxidantes, además de hidratación.

Recuerda que el desayuno es una oportunidad para disfrutar de una comida placentera y nutritiva. Saborea cada bocado, mastica despacio y date tiempo para disfrutar de los sabores y las texturas de los alimentos. Puedes acompañar tu desayuno con una taza de té o café, si así lo deseas, pero recuerda hidratarte adecuadamente con agua para mantener tu cuerpo en equilibrio.

Al alimentarte adecuadamente en la mañana, estarás proporcionando a tu cuerpo los nutrientes necesarios para afrontar el día con fuerza y vitalidad. Te sentirás más alerta, concentrado y lleno de energía para enfrentar tus tareas y desafíos diarios.

Así que, tómate el tiempo para prepararte un desayuno nutritivo y sabroso. Disfruta de los alimentos que te brinden energía y vitalidad. Alimenta tu cuerpo de manera consciente y comienza tu día con una sonrisa en el rostro y la satisfacción de saber que estás cuidando de ti mismo desde el primer bocado. ¡Despierta tus sentidos y dale a tu cuerpo el impulso nutritivo que necesita!

Dedicar tiempo a tu pasión o hobby

Dedica tiempo a tu pasión o hobby: Si tienes una pasión o un hobby que te apasiona, aprovecha las mañanas para dedicarle tiempo. Puede ser pintar, tocar un instrumento musical, escribir o cualquier otra actividad creativa que te llene de alegría. Este tiempo dedicado a tu pasión te ayudará a conectarte contigo mismo y a nutrir tu bienestar emocional.

Imagina despertar en la mañana con una emoción palpable, sabiendo que te espera un tiempo especial para sumergirte en aquello que te apasiona. Todos tenemos una pasión, un hobby o una actividad creativa que nos llena de alegría y nos permite expresarnos de manera única. Aprovechar las mañanas para dedicarle tiempo a estas actividades es una forma maravillosa de nutrir tu bienestar emocional.

Si eres amante del arte, elige pintar. Prepara tus pinceles, lienzo y colores y déjate llevar por la creatividad. Pinta paisajes, retratos o simplemente traza líneas y formas en el lienzo, permitiendo que tus emociones y pensamientos se plasmen en cada pincelada. La pintura te brinda una salida artística y terapéutica que te ayuda a expresarte y a conectar con tu mundo interior.

Si la música es tu pasión, dedica tiempo a tocar un instrumento musical. Ya sea que toques el piano, la guitarra, la flauta u otro instrumento, sumérgete en las melodías y acordes que te inspiran. Permítete sentir el ritmo y la armonía mientras tus dedos danzan sobre las teclas o las cuerdas. La música es un lenguaje universal que te conecta con tus emociones y te brinda una forma de expresión única.

Si te gusta escribir, aprovecha las mañanas para plasmar tus pensamientos y emociones en papel. Siéntate frente a tu computadora o toma una libreta y deja que las palabras fluyan. Escribe historias, poemas o simplemente lleva un diario donde puedas expresar tus reflexiones y sueños. La escritura es una forma poderosa de liberar tus pensamientos y encontrar claridad mental.

Cualquiera que sea tu pasión o hobby, elige dedicar tiempo a ello en las mañanas. Establece un espacio tranquilo y libre de distracciones donde puedas sumergirte en tu actividad favorita. Permítete conectar contigo mismo a través de estas expresiones creativas, donde el tiempo se desvanece y solo existe el presente.

El tiempo dedicado a tu pasión te brinda una sensación de plenitud y satisfacción. Te ayuda a conectarte con tus emociones y a liberar el estrés acumulado. Además, nutre tu bienestar emocional al permitirte explorar y expresar tu individualidad.

Recuerda que no importa cuánto tiempo dediques a tu pasión en las mañanas, lo importante es hacerlo de manera consistente y con alegría. Si tienes tiempo limitado, establece metas realistas y disfruta de cada minuto que le dediques. Deja que tu pasión te inspire y te acompañe en cada amanecer, llenando tu vida de creatividad y significado.

Así que, aprovecha las mañanas para dedicar tiempo a tu pasión o hobby. Permite que estas actividades creativas te lleven a un mundo de emociones y descubrimientos. Al hacerlo, te conectarás contigo mismo y nutrirás tu bienestar emocional de una manera única y enriquecedora. ¡Deja que tu pasión ilumine cada amanecer y te inspire a vivir una vida llena de alegría y creatividad!

Lee o escucha audiolibros: Sumérgete en el mundo de la lectura o los audiolibros en las mañanas. Escoge libros que te inspiren, te enseñen o te transporten a lugares imaginarios. La lectura o la escucha de audiolibros son excelentes formas de expandir tu conocimiento, estimular tu mente y encontrar inspiración para enfrentar el día.

Imagina despertar en la mañana con una taza de café humeante y un libro que te espera, listo para llevarte a aventuras emocionantes y conocimientos nuevos. Sumergirse en la lectura o la escucha de audiolibros en las mañanas es una experiencia mágica que puede transformar tus rutinas matutinas en momentos de inspiración y descubrimiento.

La lectura tiene el poder de transportarnos a otros mundos, permitiéndonos vivir experiencias a través de las palabras impresas. Escoge libros que te interesen y te atraigan, ya sean novelas, biografías, libros de autoayuda o cualquier otro género que despierte tu curiosidad. Permítete sumergirte en las historias y los personajes, dejando que tu imaginación vuele libremente.

Si prefieres una experiencia auditiva, los audiolibros son una excelente opción. Escucha narraciones cautivadoras de libros mientras te preparas para el día o realizas otras tareas matutinas. Los audiolibros te permiten sumergirte en la literatura sin tener que sostener un libro físico. Puedes escucharlos mientras desayunas, te vistes o incluso mientras te desplazas hacia tu destino. ¡Convierte tus mañanas en un festín de conocimiento y entretenimiento!

A través de la lectura o la escucha de audiolibros, expandes tu conocimiento y estimulas tu mente. Puedes sumergirte en temas que te apasionen, aprender nuevas habilidades o descubrir perspectivas y puntos de vista diferentes. Cada libro es una oportunidad para crecer y enriquecerte como persona.

Además de ampliar tu conocimiento, la lectura y la escucha de audiolibros te brindan momentos de relajación y desconexión. Sumergirte en una buena historia o en un libro de no ficción interesante te permite alejarte de las preocupaciones diarias y encontrar un espacio de paz y tranquilidad.

Elige libros que te inspiren y te motiven. Pueden ser obras de autores que admiras, historias de superación personal o libros que te ayuden a desarrollar nuevas habilidades. Permítete sumergirte en palabras que te impulsen a enfrentar el día con entusiasmo y determinación.

Recuerda que la lectura o la escucha de audiolibros no solo son actividades para entretenerse, sino también oportunidades para el crecimiento personal. Toma notas, reflexiona sobre lo que lees y aplica los conocimientos adquiridos a tu vida diaria. Cada libro puede convertirse en un mentor silencioso que te guía en tu camino hacia el crecimiento y la autorrealización.

Así que, sumérgete en el mundo de la lectura o los audiolibros en las mañanas. Permítete viajar a través de las palabras y encontrar inspiración en cada página o en cada narración. Descubre cómo expandir tu mente, alimentar tu imaginación y encontrar una fuente constante de aprendizaje y entretenimiento. ¡Deja que los libros te acompañen en tus amaneceres y te inspiren a vivir una vida llena de conocimiento y aventura!

Planifica y visualiza tu éxito: Utiliza el tiempo extra en las mañanas para planificar y visualizar tu éxito. Puedes revisar tus metas a largo plazo, hacer un plan estratégico o simplemente visualizarte alcanzando tus objetivos. Esta práctica te ayudará a mantenerte enfocado y motivado a medida que avanzas en tu camino hacia el éxito.

Imagina despertar en la mañana con una sensación de propósito y determinación. Aprovechar el tiempo extra en las mañanas para planificar y visualizar tu éxito es una forma poderosa de establecer una base sólida para alcanzar tus metas y sueños.

Comienza por revisar tus metas a largo plazo. ¿Qué es lo que realmente deseas lograr en tu vida? Ya sea que se trate de metas profesionales, personales o de bienestar, tómate un momento para recordar cuáles son tus objetivos más importantes. Visualízalos claramente en tu mente y siente la emoción que te inspira al pensar en su logro.

Una vez que hayas identificado tus metas, es momento de hacer un plan estratégico. Puedes desglosar tus metas en pasos más pequeños y manejables. Establece plazos y fechas límite realistas para cada paso y define las acciones concretas que te llevarán más cerca de tu objetivo. Organiza tus tareas en una lista o utiliza una herramienta de gestión de proyectos para mantener todo organizado.

Además de la planificación, la visualización es una técnica poderosa para motivarte y mantener tu enfoque en el éxito. Cierra los ojos y visualízate alcanzando tus metas. Imagina cómo te sentirás cuando logres lo que te has propuesto, cómo se verá tu vida transformada y cómo te celebrarás a ti mismo por tus logros. Siente esa emoción y deja que te impulse hacia adelante.

La visualización no solo te ayuda a mantenerte motivado, sino que también te permite programar tu mente para el éxito. Cuando te visualizas alcanzando tus metas de manera clara y vívida, estás enviando señales a tu subconsciente de que es posible y alcanzable. Esto te impulsa a tomar las acciones necesarias y te ayuda a superar obstáculos en el camino.

Recuerda que la planificación y la visualización no son solo ejercicios mentales, sino que requieren acción. Utiliza el tiempo extra en las mañanas para tomar medidas concretas hacia tus metas. Puedes dedicar tiempo a realizar tareas clave, investigar, adquirir nuevas habilidades o conectarte con personas que pueden apoyarte en tu camino.

Cada mañana, tómate unos minutos para recordar tus metas, hacer ajustes en tu plan y visualizar tu éxito. Mantén tu visión clara en tu mente y alinéala con tus acciones diarias. Con cada paso que das, te acercas más y más a tus sueños.

Así que, planifica y visualiza tu éxito en las mañanas. Aprovecha ese tiempo extra para establecer tus metas, hacer un plan estratégico y visualizarte alcanzando tus objetivos. Con enfoque, determinación y un plan sólido, estás en el camino hacia una vida llena de logros y satisfacción. ¡Visualízate, cree en ti mismo y toma acción hacia el éxito que mereces!

Recuerda que estas son solo algunas ideas para aprovechar el tiempo extra en las mañanas. Tú conoces tus intereses y necesidades mejor que nadie, así que encuentra actividades que te brinden alegría y te impulsen a comenzar el día con entusiasmo.

Aprovecha ese tiempo adicional para cuidarte, nutrir tus pasiones y establecer una base sólida para el resto del día. Despertar temprano es una oportunidad maravillosa para crear una mañana que te llene de alegría y te impulse hacia el éxito. ¡Aprovecha cada amanecer como una nueva oportunidad para vivir tu mejor vida!

Capítulo 3:

Haciendo tu cama: Un pequeño paso hacia el orden y la disciplina

Bienvenido al Capítulo 3 de nuestro libro "Por qué hacer mi cama: Cómo los Hábitos Matutinos Moldean tu Vida". En este capítulo, exploraremos la importancia de hacer tu cama cada mañana y cómo este pequeño acto puede tener un impacto significativo en tu vida.

¿Alguna vez te has preguntado por qué hacer tu cama parece ser tan trivial? ¿O quizás has dejado tu cama desordenada y te has preguntado si realmente importa? Permíteme decirte que hacer tu cama no es solo un acto de orden y limpieza, sino también un pequeño paso hacia la disciplina y el sentido de logro.

En este capítulo, descubrirás cómo hacer tu cama puede establecer una base sólida para el resto de tu día. Exploraremos los beneficios de este hábito simple y cómo puede influir en tu estado de ánimo, tu enfoque y tu productividad. Además, te brindaré consejos prácticos para convertir este acto en una rutina diaria que te brinde satisfacción y un sentido de propósito.

Recuerda, cada acción cuenta. Aunque parezca insignificante, el simple acto de hacer tu cama puede marcar la diferencia en cómo enfrentas los desafíos del día. Acompáñanos en este capítulo y descubre cómo este pequeño paso hacia el orden y la disciplina puede moldear positivamente tu vida en muchos aspectos.

¡Es hora de adentrarnos en el mundo de las camas bien hechas y descubrir cómo este hábito puede cambiar tu perspectiva y tu bienestar!

El simbolismo de hacer la cama como una señal de inicio del día

Desde que éramos niños, muchos de nosotros hemos escuchado a nuestras madres o abuelas decir: "¡Haz tu cama!" Como niños, puede que no entendamos completamente por qué es tan importante hacer la cama cada mañana. Para nosotros, puede parecer solo una tarea tediosa y sin sentido.

Sin embargo, a medida que crecemos y comenzamos a tomar responsabilidad de nuestras vidas, nos damos cuenta de que hacer la cama va más allá de mantener la habitación ordenada. Se convierte en una señal de inicio del día, una declaración de intenciones y un primer logro matutino que establece el tono para el resto de nuestras actividades.

El acto de hacer la cama puede parecer simple, pero tiene un simbolismo profundo. Representa el comienzo de un nuevo día lleno de oportunidades y posibilidades. Al hacer la cama, estamos dando un cierre simbólico a la noche anterior y preparándonos para enfrentar el día con una mente clara y enfocada.

Al estirar las sábanas, alisar las arrugas y acomodar las almohadas, estamos creando un espacio de orden y armonía. Esto no solo tiene un efecto visual, sino que también tiene un impacto en nuestro estado mental. Un entorno limpio y ordenado nos ayuda a sentirnos más tranquilos y en control, lo que nos prepara para enfrentar los desafíos que puedan surgir a lo largo del día.

Además, hacer la cama es un acto de autocuidado y autodisciplina. Es una manera de decirnos a nosotros mismos que nos valoramos lo suficiente como para dedicar unos minutos cada mañana a cuidar de nuestro espacio personal. En un mundo lleno de distracciones y responsabilidades, hacer la cama se convierte en un momento de atención plena y autoconexión.

Al hacer la cama, estamos cultivando una mentalidad de orden y disciplina. Estamos estableciendo un hábito que se extiende más allá de las cuatro esquinas de nuestro colchón. Esta disciplina puede influir en otros aspectos de nuestras vidas, como el cumplimiento de metas, la organización y el manejo del tiempo.

Además, hacer la cama puede tener un efecto positivo en nuestras relaciones y en el entorno que compartimos con otros. Si compartimos un espacio con familiares, compañeros de cuarto o pareja, hacer la cama puede transmitir un mensaje de respeto y consideración hacia ellos. También puede crear un ambiente más acogedor y armonioso en el hogar.

No importa cuán ocupado esté nuestro día o cuántos desafíos enfrentemos, hacer la cama nos recuerda que tenemos el poder de establecer un inicio positivo y ordenado para cada jornada. Es un pequeño acto diario que nos permite tener un sentido de control y propósito desde el primer momento en que nos levantamos de la cama.

Así que, hacer la cama va más allá de la tarea física de acomodar las sábanas y las almohadas. Tiene un significado simbólico poderoso. Representa el inicio del día, la creación de un espacio de orden y armonía, y el cultivo de una mentalidad de disciplina y autocuidado. Hacer la cama es un pequeño gesto que nos invita a abrazar el día con confianza y determinación.

Así que, la próxima vez que te levantes de la cama, tómate un momento para hacerla. Aprecia el simbolismo y la intención detrás de este simple acto. Reconoce el poder que tiene para influir en tu estado mental y emocional. Y recuerda que, al hacer la cama, estás estableciendo las bases para un día exitoso y lleno de posibilidades.

Cómo el orden en el entorno influye en nuestra mente y actitud

¿Alguna vez has notado cómo te sientes cuando entras en una habitación desordenada y caótica? ¿Cómo te afecta estar rodeado de objetos fuera de lugar, papeles amontonados y un ambiente generalmente desorganizado? Es probable que te sientas abrumado, estresado e incluso un poco desanimado.

El orden en nuestro entorno tiene un impacto significativo en nuestra mente y actitud. Cuando vivimos o trabajamos en un espacio desordenado, nuestra mente tiende a reflejar ese desorden. Nos distraemos fácilmente, nos cuesta concentrarnos y sentimos que nuestras ideas están dispersas.

Por otro lado, cuando nos encontramos en un entorno ordenado y organizado, experimentamos una sensación de calma y claridad. Nuestra mente se siente más tranquila y tenemos una mayor capacidad para enfocarnos en las tareas que tenemos por delante. El orden nos brinda una sensación de control y nos ayuda a manejar el estrés de manera más efectiva.

El orden en el entorno también influye en nuestra actitud. Un espacio ordenado nos brinda una sensación de bienestar y nos hace sentir más en sintonía con nosotros mismos. Nos sentimos más motivados, productivos y capaces de enfrentar los desafíos que se nos presenten.

Cuando vivimos en un entorno desordenado, tendemos a experimentar sentimientos de agobio y desorganización. Esto puede afectar negativamente nuestra actitud, haciéndonos sentir frustrados, estresados e incluso agotados. En cambio, un entorno ordenado nos brinda una sensación de armonía y equilibrio, lo que se refleja en una actitud más positiva y optimista.

Además, el orden en nuestro entorno influye en nuestra creatividad. Cuando estamos rodeados de caos y desorden, nuestras ideas tienden a bloquearse y nuestra capacidad para generar nuevas ideas se ve limitada. En cambio, un entorno ordenado nos proporciona un lienzo en blanco para explorar nuevas ideas y estimular nuestra creatividad.

Organizar nuestro entorno no se trata solo de poner las cosas en su lugar. Se trata de crear un espacio que nos permita florecer y desarrollar todo nuestro potencial. Al mantener nuestro entorno ordenado, estamos cuidando de nuestra mente y de nuestra actitud, permitiéndonos vivir de manera más plena y satisfactoria.

La buena noticia es que todos podemos desarrollar hábitos de orden y mantener un entorno que fomente nuestra paz mental y una actitud positiva. Comienza por identificar las áreas en las que puedes mejorar el orden y la organización en tu entorno. Esto puede implicar deshacerte de objetos innecesarios, establecer sistemas de organización efectivos o dedicar un tiempo regular para mantener el orden.

Recuerda que el orden no se trata de perfección, sino de crear un entorno que te permita funcionar de manera óptima. Encuentra un equilibrio que funcione para ti y que te haga sentir cómodo y en control. Al hacerlo, te abrirás a un nuevo nivel de claridad mental, enfoque y bienestar.

El orden en nuestro entorno tiene un impacto profundo en nuestra mente y actitud. Un entorno ordenado nos brinda calma, claridad y una mayor capacidad para concentrarnos. Influye en nuestra actitud, generando una sensación de bienestar y motivación. Además, el orden estimula nuestra creatividad y nos permite desarrollar todo nuestro potencial. Al mantener nuestro entorno ordenado, estamos cuidando de nuestra salud mental y emocional, y abriendo las puertas a una vida más plena y significativa.

Técnicas y consejos para hacer la cama de manera eficiente

Hacer la cama puede parecer una tarea sencilla y rutinaria, pero ¿alguna vez te has preguntado si hay formas más eficientes de hacerlo? ¿Te gustaría aprender técnicas y consejos para hacer la cama de manera rápida y eficiente, sin comprometer la calidad y el resultado final? Si es así, has llegado al lugar indicado.

En este capítulo, exploraremos diferentes técnicas y consejos que te ayudarán a hacer la cama de manera eficiente, ahorrando tiempo y esfuerzo. Descubrirás que no se trata solo de acomodar las sábanas y las almohadas, sino de encontrar métodos que se adapten a tu estilo y necesidades personales.

Una de las técnicas más eficientes es empezar por una base sólida. Estira las sábanas de manera uniforme sobre el colchón, asegurándote de que estén bien ajustadas en las esquinas. Luego, coloca el edredón o la colcha encima, alisando cualquier arruga a medida que avanzas. Esto creará una base lisa y ordenada para el resto del proceso.

Otro consejo útil es invertir en accesorios que faciliten el proceso de hacer la cama. Por ejemplo, utilizar sábanas ajustables en lugar de las tradicionales puede ahorrarte tiempo y esfuerzo al ajustarlas al colchón. Asimismo, utilizar fundas de almohada con cierres o cremalleras en lugar de fundas tradicionales facilita el proceso de ponerlas y quitarlas.

Una técnica eficiente es hacer la cama en capas. En lugar de acomodar todas las almohadas y cojines al final, colócalos gradualmente a medida que haces la cama. Por ejemplo, coloca las almohadas básicas en su lugar y luego agrega almohadas decorativas o cojines adicionales según tus preferencias. Esto te permite ajustar y organizar cada capa de manera más eficiente.

Además, considera utilizar el método de "estirado y acomodado". En lugar de simplemente extender las sábanas y el edredón, toma un momento para estirarlos y alisar cualquier arruga o pliegue. Esto crea un aspecto más pulido y ordenado. Luego, acomoda los bordes y las esquinas para lograr un acabado limpio y profesional.

Una técnica que ahorra tiempo es hacer la cama mientras aún estás en ella. Al despertar, estira las sábanas y el edredón hacia arriba y deslízate debajo de ellos para acomodar las almohadas y los cojines. Esto te permite hacer la cama rápidamente y estar listo para empezar el día sin tener que salir de la cama.

La eficiencia no se trata solo de hacer la cama rápidamente, sino también de mantener la calidad y el resultado final. Asegúrate de que las sábanas estén bien ajustadas, los bordes y las esquinas estén alineados y el edredón o la colcha estén perfectamente colocados. Un resultado ordenado y limpio te dará una sensación de satisfacción y tranquilidad cada vez que entres a tu habitación.

Hacer la cama de manera eficiente no solo ahorra tiempo, sino que también te brinda una sensación de organización y logro. Con técnicas y consejos prácticos, puedes hacer de este ritual diario un proceso rápido y satisfactorio. Ya sea utilizando técnicas de estirado y acomodado, haciendo la cama en capas o incluso haciendo la cama desde la comodidad de ella, encontrarás la forma que mejor se adapte a ti.

¡Es hora de poner en práctica estas técnicas y consejos para hacer de hacer la cama una tarea eficiente y gratificante! Con un poco de práctica y perseverancia, lograrás un resultado impecable en menos tiempo y disfrutarás de una habitación ordenada y acogedora que te dará la bienvenida cada noche.

Capítulo 4:

La importancia de la gratitud al despertar

En este capítulo, exploramos el poder transformador de la gratitud al despertar y cómo esta práctica puede cambiar tu perspectiva y mejorar tu bienestar.

¿Alguna vez te has despertado sintiéndote abrumado por las responsabilidades y desafíos que te esperan durante el día? ¿Te has preguntado cómo puedes comenzar cada día con una actitud positiva y llena de aprecio? La respuesta está en la gratitud al despertar.

En este capítulo, descubrirás cómo la práctica de la gratitud al despertar puede influir en tu estado de ánimo, tus relaciones y tu perspectiva general de la vida. Exploraremos los beneficios de esta práctica y te proporcionaremos herramientas y consejos prácticos para incorporar la gratitud en tu rutina matutina.

La gratitud es una poderosa fuerza transformadora. Al despertar con un corazón agradecido, cambias tu enfoque de lo negativo a lo positivo, de las preocupaciones a las bendiciones. Te permite apreciar las pequeñas cosas que a menudo pasamos por alto y cultivar una actitud de reconocimiento por lo que tienes en tu vida.

La práctica de la gratitud al despertar te ayuda a establecer el tono para el resto del día. Te permite comenzar con una mentalidad positiva y optimista, incluso en medio de los desafíos que puedas enfrentar. La gratitud te conecta con un sentido de abundancia y te ayuda a encontrar la belleza en cada momento, por más pequeño que sea.

A lo largo de este capítulo, te guiaremos para que descubras formas de cultivar la gratitud al despertar. Aprenderás ejercicios prácticos, como llevar un diario de gratitud o practicar la meditación de gratitud, que te permitirán centrarte en lo positivo y expandir tu capacidad de apreciar lo que tienes.

Recuerda que la gratitud es una elección consciente. Aunque enfrentemos desafíos y dificultades, siempre hay algo por lo que podemos estar agradecidos. Al despertar con gratitud, estás invitando a la alegría y la satisfacción a tu vida, y estás creando un espacio para recibir más bendiciones.

Prepárate para explorar el poder de la gratitud al despertar y cómo puede transformar tu vida. A medida que te sumerjas en este capítulo, descubrirás cómo cultivar un corazón agradecido y cómo esta práctica puede mejorar tu bienestar emocional, tus relaciones y tu perspectiva de vida. ¡Prepárate para despertar cada día con gratitud y vivir una vida llena de alegría y aprecio!

El poder transformador de la gratitud en nuestras vidas

Había una vez una joven llamada Laura que solía pasar por la vida sin prestar mucha atención a las cosas buenas que le rodeaban. Estaba constantemente enfocada en sus problemas, preocupada por lo que le faltaba y atrapada en un ciclo interminable de insatisfacción.

Un día, Laura asistió a una conferencia sobre el poder de la gratitud. Escuchó historias de personas que habían experimentado cambios significativos en sus vidas simplemente al adoptar una actitud de gratitud. Esto despertó su curiosidad y la llevó a preguntarse: "¿Y si la gratitud pudiera realmente transformar mi vida también?"

Decidió embarcarse en un viaje de descubrimiento y comenzar a practicar la gratitud en su vida diaria. Al principio, le costó un poco encontrar cosas por las cuales estar agradecida. Pero poco a poco, comenzó a darse cuenta de las pequeñas bendiciones que solía pasar por alto.

En lugar de enfocarse en lo que le faltaba, Laura empezó a apreciar las cosas simples: el sol brillante que calentaba su rostro por las mañanas, el aroma del café recién hecho, la sonrisa amistosa de un extraño en la calle. Empezó a llevar un diario de gratitud, donde anotaba tres cosas por las que estaba agradecida cada día.

Con el tiempo, Laura comenzó a notar cambios sorprendentes en su vida. Descubrió que la gratitud no solo la hacía sentir más feliz, sino que también le permitía superar los desafíos de una manera más positiva. Cuando enfrentaba dificultades, buscaba lecciones y oportunidades de crecimiento en lugar de lamentarse.

La gratitud se convirtió en un filtro a través del cual veía el mundo. En lugar de enfocarse en lo negativo, se entrenó para buscar lo positivo en cada situación. Esto no significaba que ignorara los problemas, sino que encontraba una manera de enfrentarlos con una mentalidad más positiva y resiliente.

Además, la gratitud transformó sus relaciones. Empezó a expresar su agradecimiento a las personas que la rodeaban, desde su familia y amigos hasta los desconocidos amables que encontraba en su día a día. Notó cómo esto fortalecía los lazos y creaba un sentido de conexión y aprecio mutuo.

Pero lo más sorprendente fue cómo la gratitud transformó la relación consigo misma. Laura comenzó a valorarse y aceptarse tal como era. Se perdonó a sí misma por sus errores y celebró sus logros, por pequeños que fueran. La gratitud le permitió reconocer su propia valía y vivir desde un lugar de amor propio y aceptación.

A medida que pasaba el tiempo, Laura se dio cuenta de que la gratitud se había convertido en una parte integral de su vida. Ya no era solo una práctica, sino una forma de ser. Se convirtió en una persona más positiva, más resiliente y más plena.

La historia de Laura es un testimonio del poder transformador de la gratitud en nuestras vidas. La gratitud nos invita a encontrar belleza y significado en lo cotidiano, a apreciar las bendiciones grandes y pequeñas que nos rodean y a vivir con un corazón agradecido.

¿Y tú, estás dispuesto a experimentar la transformación que la gratitud puede traer a tu vida? No importa cuán desafiante sea tu situación actual, siempre hay algo por lo que estar agradecido. Comienza por prestar atención a las pequeñas cosas y observa cómo la gratitud te abre las puertas a una vida más plena y significativa.

Prácticas para cultivar la gratitud desde el momento en que despertamos

Cada mañana, cuando el sol se asoma tímidamente por la ventana, tenemos la oportunidad de comenzar nuestro día con una actitud de gratitud. Cultivar la gratitud desde el momento en que despertamos es una práctica poderosa que puede transformar nuestra forma de percibir y experimentar la vida.

Imagínate despertar con una sensación de alegría y agradecimiento, sabiendo que tienes un nuevo día por delante lleno de posibilidades y bendiciones. Esto no es solo un sueño inalcanzable, sino una realidad que podemos crear a través de prácticas simples pero significativas.

Una de las prácticas más efectivas para cultivar la gratitud desde el momento en que despertamos es comenzar el día con una afirmación positiva. Antes de salir de la cama, tómate unos minutos para decirte a ti mismo palabras de aprecio y gratitud. Puedes repetir frases como "Estoy agradecido por este nuevo día lleno de oportunidades" o "Aprecio todo lo que la vida me ofrece". Esta simple práctica establece el tono para el día y te ayuda a enfocarte en lo positivo.

Otra práctica es llevar un diario de gratitud. Al despertar, toma tu diario y anota al menos tres cosas por las que estás agradecido en ese momento. Puede ser algo tan simple como el sonido de la lluvia, una conversación inspiradora que tuviste el día anterior o el amoroso abrazo de un ser querido. Esta práctica te ayuda a entrenar tu mente para buscar y apreciar las cosas buenas en tu vida.

Además, al despertar, tómate un momento para disfrutar de la belleza que te rodea. Observa la luz del sol que ilumina la habitación, escucha los sonidos de la naturaleza que se filtran por la ventana o simplemente siente el confort de tu cama. Aprecia los pequeños detalles y permite que te llenen de gratitud.

Una práctica que puede transformar tu vida es la de enviar pensamientos de gratitud a las personas que te rodean. Mientras te preparas para enfrentar el día, piensa en las personas importantes en tu vida y envíales amor y gratitud en tu mente.

Ejercicios y reflexiones para enfocarse en lo positivo cada mañana

Cada mañana, al despertar, tenemos la oportunidad de establecer el tono para el resto del día. Al enfocarnos en lo positivo desde el principio, podemos generar una mentalidad de gratitud y abrirnos a las bendiciones y oportunidades que nos esperan. Aquí hay algunos ejercicios y reflexiones para ayudarte a enfocarte en lo positivo cada mañana:

Agradecimiento al despertar: Antes de levantarte de la cama, tómate unos momentos para expresar tu gratitud por un nuevo día. Reflexiona sobre las cosas por las que estás agradecido en tu vida: tu salud, tus seres queridos, tu hogar, tus talentos. Aprecia estas bendiciones y comienza el día con una mentalidad de gratitud.

Imagina despertar por la mañana con una sensación de gratitud que te envuelve. Antes de levantarte de la cama, te tomas unos momentos para expresar tu agradecimiento por un nuevo día que se despliega ante ti. Reflexionas sobre todas las cosas por las que estás agradecido en tu vida y sientes una profunda apreciación por ellas.

Comienzas tu ritual matutino de gratitud al observar tu entorno. Observas tu hogar, un espacio cálido y acogedor que te brinda refugio y comodidad. Sientes gratitud por tener un lugar seguro donde descansar y crear recuerdos con tus seres queridos.

Luego, diriges tu atención hacia tu salud, el mayor tesoro que posees. Agradeces por tener un cuerpo fuerte y sano que te permite moverte, explorar el mundo y disfrutar de las experiencias que la vida te ofrece. Aprecias la capacidad de despertar cada día con vitalidad y energía renovada.

No puedes dejar de reconocer a las personas que amas y que forman parte de tu vida. Tu familia, amigos y seres queridos son fuente de alegría y apoyo incondicional. Expresas gratitud por su presencia en tu vida, por los momentos compartidos, las risas, las lágrimas y las experiencias compartidas. Sabes que su amor y compañía son tesoros invaluables.

Pero la gratitud no se detiene ahí. Diriges tu atención hacia tus talentos y habilidades únicas. Te maravillas por las cualidades y capacidades que te distinguen, aquellos dones que te permiten expresarte, crear, aprender y contribuir al mundo. Agradeces por las oportunidades de crecimiento personal y las experiencias que te han llevado a ser quien eres en este momento.

Al expresar tu gratitud, sientes cómo tu corazón se llena de amor, alegría y esperanza.

Comienzas el día con una mentalidad de gratitud que colorea cada experiencia y encuentro que tendrás a lo largo de la jornada.

Este ritual matutino de gratitud te conecta con lo que realmente importa en tu vida. Te ayuda a enfocarte en las bendiciones presentes en lugar de enfocarte en lo que falta. Te invita a ser consciente de la abundancia que te rodea y atrae más cosas positivas hacia ti.

Además, la gratitud al despertar establece un tono positivo para el resto del día. Cuando empiezas la mañana con gratitud, tu perspectiva se transforma y te vuelves más receptivo a las oportunidades y experiencias positivas que el día tiene reservadas para ti. Incluso en los momentos desafiantes, la gratitud te brinda una base sólida para encontrar lecciones, crecimiento y oportunidades de transformación.

Entonces, a medida que abres los ojos cada mañana, tómate esos momentos preciosos para expresar tu gratitud. Reflexiona sobre las bendiciones en tu vida, desde lo más simple hasta lo más significativo. Permite que la gratitud se convierta en tu compañera de viaje y observa cómo transforma tu día y tu vida en algo maravilloso.

Visualización positiva: Mientras te preparas para enfrentar el día, cierra los ojos y visualiza cómo quieres que sea tu día. Imagina situaciones y resultados positivos. Visualízate enfrentando los desafíos con confianza y superándolos. Esta práctica de visualización te ayudará a establecer una intención positiva para el día y atraerá experiencias favorables.

En el tranquilo amanecer, mientras te preparas para enfrentar el día, cierras suavemente los ojos y comienzas a explorar el poder de tu imaginación. Te sumerges en un mundo de posibilidades, donde cada pensamiento se convierte en una semilla que plantas en tu mente.

Visualizas cómo deseas que sea tu día, pintando imágenes vibrantes y llenas de vida en tu mente. Te ves a ti mismo enfrentando los desafíos con confianza y resiliencia, superando obstáculos y alcanzando tus metas con éxito. Te imaginas sonriendo y compartiendo momentos felices con las personas que amas. Cada detalle se despliega ante ti como si fuera una película que tú mismo estás creando.

En tu visualización, experimentas un flujo constante de energía positiva. Sientes la alegría y la satisfacción que provienen de vivir un día lleno de experiencias gratificantes. Te visualizas interactuando con los demás de manera armoniosa y amorosa, creando conexiones significativas y contribuyendo con tu luz única al mundo.

Mientras visualizas, también te enfocas en tus objetivos y metas. Te ves a ti mismo avanzando hacia ellos con determinación y éxito. Imaginas cómo logras los hitos importantes en tu carrera, cómo te cuidas y nutres tu cuerpo y cómo te desarrollas y creces personalmente. Cada paso que das en tu visualización te acerca más a tus sueños y aspiraciones.

Esta práctica de visualización es más que un simple ejercicio imaginativo. Es una forma poderosa de establecer una intención positiva para el día. Al visualizar cómo deseas que se desarrolle tu día, estás enviando señales claras al universo sobre lo que deseas atraer y manifestar en tu vida. Te estás sintonizando con las energías positivas y las experiencias favorables que deseas vivir.

A medida que te sumerges más profundamente en tu visualización, tu mente y tu cuerpo se llenan de una sensación de confianza y certeza. Sabes que estás creando un espacio mental propicio para que tus deseos se manifiesten en tu realidad. Te das cuenta de que eres el arquitecto de tu vida y que tienes el poder de influir en las experiencias que te esperan.

La visualización positiva no solo establece una intención para el día, sino que también fortalece tu mente y tu espíritu. Te prepara para enfrentar los desafíos con confianza y resiliencia. Te ayuda a cultivar una mentalidad positiva que te permite ver oportunidades incluso en situaciones difíciles. Al nutrir tu mente con imágenes positivas, estás sembrando las semillas de la manifestación y la creación consciente.

Así que, al finalizar tu visualización matutina, abres los ojos con una sonrisa en tu rostro. Te sientes conectado con la magia de la creación y sabes que tienes el poder de hacer que tu día sea extraordinario. A medida que te adentras en las horas que están por venir, mantén en tu mente las imágenes positivas que has visualizado. Observa cómo tu día se alinea con tus deseos y cómo las experiencias favorables se despliegan ante ti.

Tú eres el guionista y protagonista de tu vida. Utiliza la práctica de la visualización positiva para crear un día lleno de momentos maravillosos y oportunidades para crecer y alcanzar tus sueños. ¡Permítete ser el director de tu propia vida y verás cómo el poder de la visualización te impulsa hacia una realidad llena de éxito y satisfacción!

Diario de gratitud matutino: Dedica unos minutos cada mañana para escribir en un diario de gratitud. Anota tres cosas por las que estás agradecido en ese momento. Puede ser algo tan simple como el aroma del café, el canto de los pájaros o una conversación positiva que tuviste el día anterior. Este ejercicio te ayuda a enfocarte en lo positivo y cultivar una actitud de gratitud.

Imagina despertar cada mañana con una libreta en tus manos y un bolígrafo que espera plasmar las palabras de agradecimiento. Dedicas unos minutos preciosos a escribir en tu diario de gratitud matutino, sumergiéndote en un océano de apreciación por las pequeñas y grandes cosas que enriquecen tu vida.

Con calma y serenidad, comienzas a reflexionar sobre las maravillas que te rodean en ese mismo instante. Puedes sentir el cálido aroma del café que llena la habitación, despierta tus sentidos y te prepara para un nuevo día. Agradeces por ese momento simple pero significativo que te regala una taza de energía y bienestar.

Observas cómo los rayos del sol se filtran a través de la ventana, llenando tu espacio con una luz suave y reconfortante. Agradeces por la belleza y la energía que la naturaleza te brinda cada día, recordándote la abundancia y la vitalidad que te rodea.

En tu diario de gratitud, también encuentras espacio para agradecer las interacciones y conexiones positivas que has experimentado. Puedes recordar una conversación llena de risas y palabras amables que tuviste con un ser querido el día anterior. Aprecias el amor y el apoyo que fluyen a través de esas conexiones, alimentando tu corazón y nutriendo tus relaciones.

Pero el diario de gratitud matutino no solo se trata de grandes momentos o eventos destacados. También le das importancia a las pequeñas cosas que iluminan tu día. Agradeces por el canto melodioso de los pájaros que escuchas desde tu ventana, por la brisa suave que acaricia tu rostro o por la sensación reconfortante de una sonrisa compartida con un extraño en tu camino.

A medida que escribes, sientes cómo tu corazón se expande con gratitud. Te das cuenta de que la vida está llena de tesoros ocultos en los detalles más simples. Al enfocarte en lo que tienes y en las bendiciones que te rodean, cultivas una actitud de gratitud que se extiende a todos los aspectos de tu vida.

El diario de gratitud matutino se convierte en un refugio sagrado, un lugar donde puedes reconectar con lo que realmente importa. Cada palabra escrita es un tesoro que captura momentos efímeros pero significativos, creando un registro tangible de tu aprecio y amor por la vida.

Este ejercicio te permite comenzar el día con una mentalidad positiva y abierta. Te ayuda a enfrentar los desafíos con resiliencia y a reconocer las oportunidades que se presentan ante ti. Al enfocarte en lo positivo, te conviertes en un imán para más experiencias gratificantes y momentos de alegría.

Así que, mientras escribes las últimas palabras en tu diario de gratitud matutino, sientes una sensación de plenitud y paz. Sabes que has creado un espacio sagrado para reconocer y apreciar las bendiciones diarias. Y te das cuenta de que, en medio de la rutina y las responsabilidades, siempre hay razones para dar las gracias.

Continúa alimentando tu diario de gratitud matutino día tras día, y verás cómo se convierte en un tesoro de momentos y bendiciones que iluminan tu vida. Permítete sumergirte en la práctica de la gratitud y descubre cómo transforma tu perspectiva y enriquece tu experiencia diaria.

Frases de afirmación: Crea frases de afirmación positivas y repítelas en voz alta cada mañana. Por ejemplo, puedes decir: "Soy capaz de enfrentar cualquier desafío que se presente", "Tengo el poder de crear una vida feliz y satisfactoria" o "Hoy será un día lleno de oportunidades y bendiciones". Estas afirmaciones te ayudarán a fortalecer tu confianza y a establecer una mentalidad positiva.

Dentro de la magia matutina que te rodea, te das cuenta del poder que tienen las palabras para moldear tu realidad. Con el libro "Por qué hacer mi cama: Cómo los Hábitos Matutinos Moldean tu Vida" como tu guía, te adentras en la práctica de las frases de afirmación, una herramienta poderosa que te ayuda a fortalecer tu confianza y establecer una mentalidad positiva.

Cada mañana, antes de sumergirte en las tareas del día, te detienes un momento para crear frases de afirmación que resuenen contigo. Te sumerges en tu mundo interior y exploras las verdades que deseas cultivar en tu vida. Estas frases se convierten en mantras personales, recordatorios constantes de tu poder y capacidad para enfrentar los desafíos y crear la vida que deseas.

Repite estas frases en voz alta, permitiendo que las palabras fluyan con convicción y energía. Por ejemplo, puedes decir con confianza: "Soy capaz de enfrentar cualquier desafío que se presente". Estas palabras te empoderan y te recuerdan que tienes dentro de ti la fuerza necesaria para superar cualquier obstáculo en tu camino.

Otra frase que puedes adoptar es: "Tengo el poder de crear una vida feliz y satisfactoria". Al repetirla, reconoces tu capacidad innata para tomar decisiones y dar forma a tu propia felicidad. Te das cuenta de que eres el arquitecto de tu vida y que tienes la capacidad de elegir pensamientos, acciones y situaciones que te lleven a una vida llena de satisfacción y plenitud.

Además, puedes afirmar con entusiasmo: "Hoy será un día lleno de oportunidades y bendiciones". Esta frase establece una mentalidad de apertura y gratitud, sintonizándote con las infinitas posibilidades que cada día ofrece. Te ayuda a estar receptivo a las oportunidades que se presentan en tu camino y a encontrar las bendiciones que a menudo se esconden en las pequeñas cosas de la vida.

Al repetir estas frases de afirmación cada mañana, estás programando tu mente para creer en tu propio poder y en las infinitas posibilidades que te esperan. Te das cuenta de que las palabras que eliges pronunciar tienen el poder de moldear tus pensamientos, emociones y acciones. Te conviertes en el narrador de tu propia historia, creando una realidad llena de positividad y éxito.

Recuerda que las frases de afirmación son como semillas que plantas en tu mente. Cuanto más las repitas con sinceridad y emoción, más profundamente se arraigarán en tu subconsciente y se convertirán en creencias arraigadas. Con el tiempo, estas creencias fortalecidas se manifestarán en tu vida, permitiéndote alcanzar tus metas y vivir con plenitud.

Así que, sumérgete en la práctica de las frases de afirmación y descubre cómo transforman tu mentalidad y moldean tu vida. El poder está en tus palabras, y tú tienes el poder de crear la vida que deseas. ¡Permítete adoptar estas afirmaciones positivas y verás cómo se convierten en un faro de luz que te guía hacia el éxito y la felicidad!

Momento de tranquilidad: Dedica unos minutos a la tranquilidad y la calma cada mañana. Puedes practicar la meditación, la respiración consciente o simplemente sentarte en silencio y enfocarte en tu respiración. Este tiempo de quietud te ayudará a centrarte, a liberar el estrés y a conectarte contigo mismo antes de comenzar el día.

Dentro de las páginas de "Por qué hacer mi cama: Cómo los Hábitos Matutinos Moldean tu Vida", descubres un capítulo dedicado al valor de encontrar un momento de tranquilidad cada mañana. Te adentras en la práctica de crear un espacio de calma y serenidad antes de comenzar el ajetreo del día.

Imagina despertar en la quietud de la mañana, cuando el mundo aún ducrme y la energía del día está en pausa. Te tomas unos minutos preciosos para dedicarte a ti mismo, para sumergirte en la tranquilidad y conectarte con tu ser interior. Puedes encontrar este momento de quietud a través de la meditación, la respiración consciente o simplemente sentándote en silencio y enfocándote en tu respiración.

Si eliges la meditación, encuentras un lugar cómodo para sentarte, cerrando suavemente los ojos. Te concentras en tu respiración, permitiendo que tu mente se aquiete y se calme. Observas los pensamientos que surgen y los dejas pasar sin aferrarte a ellos. Te sumerges en la experiencia de estar presente en el momento, conectándote con tu interior más profundo.

Otra opción es practicar la respiración consciente. Te sientas en un lugar tranquilo y te enfocas en tu respiración, sintiendo cómo el aire entra y sale de tu cuerpo. Con cada inhalación, te llenas de energía revitalizante. Con cada exhalación, liberas el estrés y las preocupaciones. Te sumerges en el ritmo suave y constante de tu respiración, encontrando una sensación de paz y equilibrio.

Incluso si no eliges ninguna práctica específica, simplemente sentarte en silencio y enfocarte en tu respiración puede ser suficiente para disfrutar de un momento de tranquilidad. Sientes cómo el ruido del mundo exterior se desvanece y te sumerges en tu propio espacio de paz interior. En este momento de quietud, te permites conectar contigo mismo, reconectando con tus necesidades y deseos más profundos.

Este tiempo de tranquilidad matutina tiene un impacto profundo en tu bienestar. Te ayuda a centrarte, liberando el estrés acumulado durante la noche y preparándote para enfrentar el día con calma y claridad mental. Te brinda la oportunidad de establecer una base sólida para tus actividades diarias, permitiéndote tomar decisiones desde un lugar de serenidad y sabiduría.

Además, esta práctica te ayuda a cultivar una relación más profunda contigo mismo. A medida que te sumerges en la tranquilidad matutina, te conectas con tus pensamientos, emociones y deseos más auténticos. Te brinda la oportunidad de escucharte a ti mismo y de nutrirte en un nivel más profundo. A lo largo del tiempo, esta conexión contigo mismo se reflejará en una mayor autoconciencia, autoaceptación y amarse.

Así que, permítete dedicar unos minutos cada mañana a la tranquilidad y la calma. Descubre la magia de este momento de quietud y cómo transforma tu día. A medida que te sumerges en la calma matutina, te regalas a ti mismo un tiempo sagrado para nutrir tu mente, cuerpo y espíritu. ¡Deja que la tranquilidad te guíe hacia un día lleno de paz, claridad y conexión contigo mismo!

Actos de bondad: Piensa en formas en las que puedes realizar actos de bondad o servicio a los demás durante el día. Puede ser algo tan simple como enviar un mensaje amable, ayudar a alguien en necesidad o expresar tu aprecio a alguien. Estos actos de bondad no solo generan positividad en los demás, sino que también te llenan de alegría y satisfacción.

Dentro de las páginas de "Porqué hacer tu cama: Cómo los Hábitos Matutinos Moldean tu Vida", descubres un capítulo dedicado a la importancia de los actos de bondad. Te sumerges en la exploración de cómo pequeñas acciones de servicio pueden generar un impacto positivo tanto en los demás como en ti mismo.

Desde el momento en que despiertas, te das cuenta de la maravillosa oportunidad que tienes de alegrar el día de alguien más. Reflexionas sobre las diferentes formas en las que puedes realizar actos de bondad o servicio durante el día. Puede ser algo tan simple como enviar un mensaje amable a un amigo, ofrecer ayuda a alguien que lo necesite o expresar tu aprecio a alguien especial en tu vida.

El poder de los actos de bondad radica en su capacidad para generar una cadena de positividad. Al mostrar amabilidad y compasión hacia los demás, creas un efecto dominó que se propaga, tocando las vidas de aquellos que te rodean. Tus pequeñas acciones pueden iluminar el día de alguien, ofrecer consuelo en tiempos difíciles o simplemente recordarle a alguien que importa.

Pero la magia de los actos de bondad no se limita a los demás, también te impactan de manera profunda. A medida que te sumerges en el servicio a los demás, experimentas una sensación de alegría y satisfacción que llena tu corazón. Cada acto de bondad te conecta con tu propia humanidad y te permite ser una fuerza positiva en el mundo.

Los actos de bondad no tienen límites y pueden adaptarse a cualquier situación. Puedes ofrecer una sonrisa amable a un extraño en la calle, escuchar con empatía a un amigo que necesita desahogarse o donar tu tiempo a una causa benéfica que te apasione. La clave está en estar atento a las oportunidades y actuar con generosidad y amor.

A medida que te comprometes con los actos de bondad, descubres que tu vida se llena de un propósito más profundo. Te das cuenta de que tu capacidad de generar cambios positivos en el mundo está en tus manos y en tus acciones diarias. Cada acto de bondad se convierte en una oportunidad para moldear tu vida y la vida de los demás.

Así que, a lo largo de tu día, mantén tu corazón abierto y busca oportunidades para realizar actos de bondad. Permítete ser una fuente de luz y amor en el mundo. Descubre cómo cada pequeño gesto puede marcar una gran diferencia. Y mientras extiendes la bondad a los demás, no olvides que también te estás llenando de alegría y satisfacción, experimentando el poder transformador de los actos de bondad.

Cada mañana es un lienzo en blanco, una oportunidad para dar forma a tu día y moldear tu vida de la manera que deseas. Dentro de las páginas de nuestro libro: "Por qué hacer tu cama: Cómo los Hábitos Matutinos Moldean tu Vida", descubres cómo cultivar una mentalidad de gratitud y enfoque en lo positivo desde el momento en que despiertas. A través de ejercicios como el agradecimiento al despertar, la visualización positiva y la escritura en un diario de gratitud, puedes sembrar las semillas de una vida más feliz y plena.

Imagina despertar cada mañana con una sonrisa en tu rostro y un corazón lleno de gratitud. Antes de salir de la cama, te tomas unos momentos para reflexionar sobre las cosas por las que estás agradecido en tu vida. Apreciar la salud que tienes, el amor que te rodea, las oportunidades que se presentan ante ti, te llena de alegría y te prepara para abrazar el día con una actitud positiva.

Además del agradecimiento al despertar, practicas la visualización positiva. Cierras los ojos y te sumerges en un mundo de posibilidades. Te imaginas a ti mismo enfrentando los desafíos con confianza, alcanzando tus metas y rodeado de éxito. Visualizas situaciones y resultados positivos, permitiendo que tu mente se empape de imágenes inspiradoras. Esta práctica te ayuda a establecer una intención positiva para el día y atraer experiencias favorables.

Pero no te detienes ahí. Te entregas a la escritura en un diario de gratitud. Cada mañana, dedicas un tiempo sagrado para expresar en papel las cosas por las que estás agradecido en ese momento. Puedes anotar los momentos especiales que has vivido, los logros que has alcanzado o simplemente los pequeños detalles que te han traído alegría. Este acto de escribir en un diario de gratitud te permite enfocarte en lo positivo y cultivar una actitud de gratitud que se extiende a todos los aspectos de tu vida.

A medida que practicas estos ejercicios matutinos, te das cuenta de cómo transforman tu experiencia diaria. Te despiertas con una actitud positiva y una mentalidad de gratitud que te acompaña a lo largo del día. Te vuelves más consciente de las bendiciones que te rodean y aprendes a encontrar la belleza en las cosas simples. Además, esta mentalidad de gratitud y enfoque en lo positivo atrae más experiencias positivas a tu vida, creando un ciclo de felicidad y abundancia.

Así que, permítete comenzar cada día con una actitud positiva y enfoque en lo positivo. Cultiva la gratitud, visualiza el éxito y escribe en tu diario de gratitud. Estas prácticas diarias te ayudarán a sembrar las semillas de una vida más feliz y plena. Te convertirás en el arquitecto de tu propia felicidad y descubrirás cómo cada día es una oportunidad para crear una realidad llena de alegría y gratitud. ¡Abraza

el poder de los hábitos matutinos y observa
cómo transforman tu experiencia diaria!

Capítulo 5:

Estableciendo intenciones diarias: El arte de visualizar tu éxito

¡Bienvenido al Capítulo 5 de nuestro libro "Por qué hacer tu cama: Cómo los Hábitos Matutinos Moldean tu Vida"! En este capítulo, exploraremos el poder de establecer intenciones diarias y cómo la práctica de la visualización puede transformar tu vida.

¿Alguna vez has deseado tener un día lleno de éxito, productividad y satisfacción? ¿Te has preguntado cómo puedes lograrlo de manera consistente? La respuesta está en establecer intenciones diarias y visualizar tu éxito desde el comienzo del día.

En este capítulo, te guiaremos a través del arte de establecer intenciones y visualizar tus metas. Descubrirás cómo esta práctica puede moldear tus acciones, tu enfoque y tus resultados. Aprenderás técnicas y ejercicios prácticos para incorporar la visualización en tu rutina matutina y aprovechar su poder transformador.

Establecer intenciones diarias es más que simplemente hacer una lista de tareas. Se trata de conectarte con tus metas más profundas y alinear tus acciones con ellas. Al establecer intenciones, te das dirección y propósito, y te enfocas en lo que realmente importa para ti.

La visualización es una herramienta poderosa que te permite crear imágenes vívidas de tus metas y sueños. Al imaginar tu éxito y visualizar cómo te sientes al lograrlo, estás programando tu mente para atraerlo hacia ti. La visualización te ayuda a superar obstáculos, mantener la motivación y tomar decisiones alineadas con tus objetivos.

A lo largo de este capítulo, te llevaremos paso a paso a través de ejercicios de visualización y técnicas para establecer intenciones efectivas. Aprenderás cómo incorporar esta práctica en tu rutina matutina, ya sea a través de la meditación, la escritura o cualquier otro enfoque que se adapte a tu estilo de vida.

Recuerda que cada día es una nueva oportunidad para crear la vida que deseas. Establecer intenciones diarias y visualizar tu éxito te brinda el poder de dar forma a tu realidad y manifestar tus sueños en el mundo tangible. Este capítulo te brindará las herramientas y la inspiración necesarias para hacerlo realidad.

Prepárate para descubrir el poder transformador de establecer intenciones diarias y visualizar tu éxito. A medida que te sumerjas en este capítulo, encontrarás nuevas formas de conectarte con tus metas, de cultivar una mentalidad de éxito y de vivir cada día con propósito y pasión. ¡Prepárate para visualizar tu camino hacia una vida llena de logros y realización!

La importancia de establecer metas y objetivos diarios

Establecer metas y objetivos diarios es esencial para mantenernos enfocados, motivados y encaminados hacia el éxito. Cuando tenemos claridad sobre lo que queremos lograr en un día determinado, nos convertimos en conductores activos de nuestra propia vida y nos acercamos cada vez más a nuestros sueños y aspiraciones.

Una de las razones por las que es importante establecer metas diarias es que nos brindan dirección y propósito. Al tener una meta clara en mente, sabemos hacia dónde dirigir nuestros esfuerzos y qué acciones tomar para alcanzarla. Esto nos permite evitar la sensación de vagar sin rumbo y nos impulsa a tomar medidas concretas hacia nuestras aspiraciones.

Además, establecer metas diarias nos ayuda a maximizar nuestra productividad. Al tener una lista de tareas específicas que debemos completar en un día determinado, podemos organizar nuestro tiempo y recursos de manera más eficiente. Esto nos permite aprovechar al máximo cada momento y evitar la procrastinación o la dispersión de energía en actividades que no nos acercan a nuestros objetivos.

Otra ventaja de establecer metas diarias es que nos ayuda a medir nuestro progreso. Al tener metas claras y cuantificables, podemos evaluar nuestros logros al final del día y determinar si estamos avanzando en la dirección correcta. Esto nos brinda un sentido de logro y satisfacción, y nos motiva a seguir esforzándonos para alcanzar metas más grandes a largo plazo.

Además, las metas diarias nos permiten priorizar nuestras actividades y enfocarnos en lo que realmente importa. En lugar de dejarnos llevar por la corriente de las tareas cotidianas, establecer metas nos ayuda a identificar las actividades clave que nos acercarán a nuestros objetivos más importantes. Esto nos permite administrar nuestro tiempo y energía de manera más efectiva, dedicando recursos a las tareas que realmente marcan la diferencia en nuestra vida.

Establecer metas diarias también nos brinda un sentido de propósito y motivación. Cuando nos despertamos con un objetivo en mente, nos sentimos motivados y entusiasmados por enfrentar el día. Esta sensación de propósito nos impulsa a superar los desafíos y perseverar incluso cuando las cosas se vuelven difíciles.

Técnicas para visualizar y manifestar tus deseos al despertar

La visualización es una práctica poderosa que nos permite crear imágenes vívidas de nuestros deseos y sueños, y alinear nuestra mente y energía con ellos. Al despertar, tenemos una oportunidad única de utilizar esta práctica para establecer nuestras intenciones y manifestar lo que deseamos en nuestra vida. Aquí te presento algunas técnicas para visualizar y manifestar tus deseos al despertar:

Meditación de visualización: Dedica unos minutos al despertar para sentarte en silencio, cerrar los ojos y visualizar tus deseos de manera detallada. Imagina cómo se vería, se sentiría y se experimentaría si ya hubieras alcanzado esos deseos. Siente las emociones positivas asociadas con ellos y permite que la imagen se vuelva cada vez más clara y vívida en tu mente. Esta técnica te ayudará a establecer una intención clara y atraerá las experiencias que deseas manifestar.

Tablero de visión matutino: Crea un tablero de visión o un collage de imágenes y palabras que representen tus deseos y metas. Colócalo en un lugar visible cerca de tu área de dormir para que puedas verlo cada mañana al despertar. Tómate unos minutos para enfocarte en las imágenes y permitir que te inspiren y motiven. Esta técnica te ayuda a visualizar tus deseos de manera constante y a mantenerlos presentes en tu mente.

Escritura de afirmaciones: Escribe afirmaciones positivas y poderosas que representen tus deseos como si ya se hubieran cumplido. Por ejemplo, en lugar de decir "Quiero tener éxito en mi carrera", escribe "Disfruto de una carrera exitosa y satisfactoria". Lee estas afirmaciones en voz alta cada mañana al despertar y siente la emoción y la certeza de que tus deseos ya son una realidad. Esta técnica refuerza tus creencias y te ayuda a atraer las experiencias que deseas.

Gratitud por lo que vendrá: Al despertar, expresa gratitud por los deseos que aún no se han manifestado, pero que confías en que se cumplirán. Agradece de antemano por las bendiciones que están en camino y por las experiencias positivas que estás a punto de vivir. Esta práctica de gratitud anticipada abre tu mente y corazón a recibir lo que deseas y crea un ambiente de expectativa positiva.

Visualización creativa: Utiliza tu imaginación para crear imágenes mentales claras y vívidas de tus deseos. Visualízate a ti mismo en situaciones y escenarios que representen tus metas cumplidas. Observa los detalles, los colores, las emociones y los sonidos en tu mente mientras te sumerges en esta visualización creativa. Cuanto más realista y emocionante sea tu visualización, más fuerte será la conexión entre tu mente y tus deseos.

Recuerda que la visualización y la manifestación requieren tiempo, paciencia y confianza en el proceso. Al practicar estas técnicas al despertar, estableces una intención clara y poderosa para el día y te sintonizas con las vibraciones de tus deseos. Permítete soñar, imaginar y creer que tus deseos ya se están manifestando, y observa cómo el universo trabaja en sincronía contigo para hacer realidad tus sueños.

Cómo el enfoque en las intenciones te impulsa hacia el éxito

El enfoque en las intenciones es una herramienta poderosa que nos ayuda a dirigir nuestra energía y esfuerzos hacia lo que realmente deseamos lograr en nuestra vida. Al establecer intenciones claras y significativas, nos alineamos con nuestros objetivos y creamos un impulso positivo hacia el éxito.

Veamos cómo el enfoque en las intenciones nos impulsa hacia el éxito:

Claridad y dirección: Al establecer intenciones, definimos con claridad lo que realmente queremos lograr. Esto nos ayuda a concentrar nuestra atención y esfuerzos en lo que es importante para nosotros, evitando distracciones y actividades que no nos acercan a nuestros objetivos. Al tener una dirección clara, tomamos decisiones más efectivas y nos movemos con confianza hacia el éxito.

En el fascinante viaje de descubrimiento personal que emprendemos a través del libro "Por qué hacer mi cama: Cómo los Hábitos Matutinos Moldean tu Vida", encontramos un capítulo dedicado a la importancia de establecer intenciones y tener una dirección clara en nuestras vidas. Nos sumergimos en el poder transformador que surge cuando definimos con claridad lo que realmente queremos lograr.

Imagina despertar cada mañana con una visión clara de lo que deseas alcanzar en tu vida. Establecer intenciones significa definir con precisión tus metas, tus sueños y tus deseos más profundos. Te permite conectar con tu propósito y dirigir tus energías hacia lo que es verdaderamente importante para ti.

Cuando tienes una dirección clara, te vuelves consciente de tus prioridades. Concentras tu atención y tus esfuerzos en lo que te acerca a tus objetivos, dejando de lado las distracciones y las actividades que no te impulsan hacia adelante. Al tener una visión definida, tomas decisiones más efectivas, sabiendo qué te acerca a tu éxito y qué te aleja de él.

Establecer intenciones también te brinda confianza y claridad. Te conviertes en el capitán de tu propio barco, navegando con determinación hacia la vida que deseas crear. Te enfrentas a los desafíos con resolución y te mueves con pasos firmes hacia adelante, sabiendo que cada acción que tomas está alineada con tu dirección y te acerca a tus metas.

Pero establecer intenciones no se trata solo de tener una dirección clara en mente, sino también de tomar medidas concretas para materializar tus objetivos. Tú eres el protagonista de tu propia historia y tienes el poder de convertir tus intenciones en realidad. Con cada paso que das hacia tus metas, te acercas un poco más al éxito y te sientes más realizado.

Recuerda que tus intenciones pueden abarcar todas las áreas de tu vida: relaciones, carrera, salud, crecimiento personal y más. Permítete soñar en grande y establecer metas ambiciosas. Pero también sé flexible y abierto a las sorpresas y oportunidades que la vida te presenta en el camino. A medida que avanzas, mantén tu visión clara y ajusta tu curso según sea necesario.

Establecer intenciones y tener una dirección clara en la vida es como trazar un mapa que te guía hacia el éxito. Te brinda un sentido de propósito y te impulsa a tomar medidas concretas. Es un recordatorio constante de que eres capaz de crear la vida que deseas y de que cada día es una nueva oportunidad para avanzar hacia tus metas.

Así que, permítete establecer intenciones y tener una dirección clara en tu vida. Conecta con tus deseos más profundos y visualiza la vida que deseas crear. Toma acciones concretas y comprométete a seguir adelante, superando obstáculos y aprendiendo de cada experiencia. Establecer intenciones te empodera y te ayuda a moverte con confianza hacia el éxito y la realización personal. ¡Adelante, traza tu camino y conquista tus sueños!

Motivación y compromiso: Las intenciones nos brindan una fuente de motivación intrínseca. Cuando estamos claros sobre lo que queremos lograr, nos sentimos más comprometidos y dispuestos a hacer lo necesario para alcanzar nuestras metas. Las intenciones nos recuerdan constantemente la importancia de nuestros objetivos y nos impulsan a superar los obstáculos y perseverar en nuestro camino hacia el éxito.

En las páginas inspiradoras de "Porqué hacer tu cama: Cómo los Hábitos Matutinos Moldean tu Vida", nos adentramos en un capítulo dedicado al poder de la motivación y el compromiso que surge al establecer intenciones claras. Descubrimos cómo nuestras intenciones se convierten en una fuente poderosa de motivación intrínseca, impulsándonos a perseverar en la búsqueda de nuestras metas y objetivos.

Imagina despertar cada mañana con una chispa de motivación ardiendo en tu interior. Al establecer intenciones, te conectas con lo que realmente deseas lograr en tu vida. Te sumerges en tus metas y sueños, y te comprometes a hacer lo necesario para alcanzarlos. Esta clara visión te llena de entusiasmo y te impulsa a actuar con determinación.

Cuando tienes intenciones claras, te sientes motivado en un nivel profundo. Ya no dependes únicamente de factores externos para encontrar la energía necesaria para perseverar. Tu motivación viene desde adentro, alimentada por el conocimiento de que estás trabajando hacia algo significativo y valioso para ti.

Además, las intenciones actúan como recordatorios constantes de la importancia de tus objetivos. Te ayudan a mantener el enfoque y a superar los obstáculos que puedan surgir en tu camino. Cuando te enfrentas a desafíos, las intenciones te dan el impulso necesario para seguir adelante y encontrar soluciones creativas.

El compromiso se fortalece a medida que te conectas con tus intenciones. Te comprometes contigo mismo y con tus metas, y te comprometes a hacer lo necesario para lograrlas. Esta firmeza de propósito te mantiene en el camino incluso cuando enfrentas dificultades o tentaciones que podrían desviarte.

El compromiso también te lleva a tomar acciones concretas. Te comprometes a dar pasos significativos hacia tus objetivos, estableciendo hábitos matutinos que te apoyen en tu camino. La práctica constante de estos hábitos refuerza tu compromiso y te acerca cada vez más a tus metas.

Recuerda que la motivación y el compromiso son como una llama interior que debe ser alimentada regularmente. Puedes mantener tu motivación viva al recordar constantemente tus intenciones y visualizar los resultados positivos que esperas alcanzar. Y a medida que avanzas en tu camino, celebra cada logro y utiliza esos momentos como combustible para seguir adelante.

Las intenciones nos brindan una fuente inagotable de motivación y compromiso. Al establecer intenciones claras, nos conectamos con nuestras metas y sueños más profundos. Nos comprometemos a perseguirlos y a superar los obstáculos en el camino hacia el éxito. Así que, permítete establecer intenciones significativas y abraza la motivación y el compromiso que surgen de ellas. ¡Deja que tus intenciones te impulsen a alcanzar nuevas alturas y a moldear una vida llena de logros y satisfacción!

Foco y concentración: El enfoque en las intenciones nos ayuda a mantenernos concentrados en nuestras metas a largo plazo. A menudo, nos encontramos con distracciones y tentaciones que nos alejan de nuestros objetivos. Sin embargo, cuando nuestras intenciones son claras y firmes, podemos resistir esas distracciones y mantenernos enfocados en lo que realmente importa. Esto nos permite utilizar nuestro tiempo y recursos de manera más eficiente y efectiva.

Imagina despertar cada mañana con una claridad mental que te permite ver con precisión tus metas y objetivos. Al establecer intenciones, te comprometes a mantener tu enfoque en lo que realmente importa para ti. Este enfoque te ayuda a resistir las distracciones que podrían desviarte de tu camino y a mantener tu mirada fija en el premio.

A menudo, nos encontramos con distracciones en nuestro entorno y tentaciones que nos tientan a desviarnos de nuestras metas. Sin embargo, cuando nuestras intenciones son claras y firmes, nos armamos con una fortaleza interna que nos permite resistir esas distracciones. Nos volvemos conscientes de las actividades y acciones que nos acercan a nuestros objetivos y podemos tomar decisiones más efectivas y alineadas con nuestras intenciones.

El enfoque en nuestras intenciones también nos ayuda a utilizar nuestro tiempo y recursos de manera más eficiente y efectiva. Cuando estamos claros sobre lo que queremos lograr, podemos priorizar nuestras tareas y actividades en función de esas intenciones. Esto nos permite maximizar nuestra productividad y evitar desperdiciar energía en cosas que no nos acercan a nuestras metas.

Además, el enfoque en nuestras intenciones nos brinda un sentido de propósito y dirección. Nos da una brújula interna que nos guía en la toma de decisiones y nos ayuda a superar los obstáculos que puedan surgir en nuestro camino. A medida que nos mantenemos enfocados en nuestras intenciones, encontramos mayor claridad y determinación para enfrentar cualquier desafío que se presente.

Recuerda que el enfoque y la concentración son habilidades que se fortalecen con la práctica. A medida que estableces intenciones claras y te comprometes a mantener tu enfoque en ellas, cultivas una mente disciplinada y resistente a las distracciones. Te vuelves más hábil en dirigir tu atención hacia lo que es verdaderamente importante y evitar que las distracciones te aparten de tu camino.

En conclusión, el enfoque en las intenciones nos brinda la capacidad de mantenernos concentrados en nuestras metas a largo plazo. Nos ayuda a resistir las distracciones y tentaciones, permitiéndonos utilizar nuestro tiempo y recursos de manera más eficiente y efectiva. Así que, permítete establecer intenciones claras y mantén tu enfoque en lo que realmente importa. Descubre cómo el poder del enfoque y la concentración moldea tu vida y te lleva a alcanzar tus metas con determinación y éxito. ¡Abraza el poder del enfoque y permite que tus intenciones guíen cada uno de tus pasos hacia la realización personal!

Creación de oportunidades: Al establecer intenciones, nos abrimos a nuevas oportunidades y posibilidades. Al tener una mentalidad enfocada en el éxito, estamos más atentos a las oportunidades que se presentan en nuestro camino. Nos volvemos más receptivos a las señales y a las puertas que se abren, y estamos dispuestos a tomar acción y aprovechar esas oportunidades cuando surgen. El enfoque en las intenciones nos permite ser más proactivos y aprovechar al máximo las oportunidades que nos acercan al éxito.

Es bueno ver cada mañana con una mente abierta y receptiva a las oportunidades que te rodean. Al establecer intenciones, te abres a nuevas posibilidades y te vuelves consciente de las oportunidades que se presentan en tu camino. Tu mentalidad enfocada en el éxito te permite reconocer esas oportunidades y estar dispuesto a tomar acción.

Cuando te enfocas en tus intenciones, desarrollas una sensibilidad hacia las señales y sincronicidades que te guían hacia nuevas oportunidades. Estás atento a los mensajes que el universo te envía, y tienes la disposición de explorar y aprovechar esas oportunidades cuando se presentan. Te vuelves más proactivo y tomas la iniciativa para crear las oportunidades que te acercan a tus metas.

La creación de oportunidades también implica estar dispuesto a salir de tu zona de confort y a tomar riesgos calculados. Al tener claras tus intenciones, estás dispuesto a explorar nuevos caminos y a enfrentar desafíos que te ayuden a crecer y evolucionar. Te abres a nuevas experiencias y te permites expandir tus horizontes en busca de oportunidades que te lleven al éxito.

Las oportunidades no siempre se presentan de manera evidente, y a veces requieren de tu esfuerzo y dedicación para descubrirlas y aprovecharlas. El enfoque en tus intenciones te brinda la perspectiva y la determinación para buscar activamente esas oportunidades y tomar acciones que te acerquen a ellas.

Al establecer intenciones, abrimos las puertas a nuevas oportunidades en nuestras vidas. Nos volvemos receptivos a las señales y a las sincronicidades que nos guían hacia caminos inesperados. Nos volvemos más proactivos y aprovechamos al máximo las oportunidades que se presentan en nuestro camino hacia el éxito. Así que, permítete establecer intenciones claras y estar abierto a las oportunidades que te rodean. Descubre cómo el enfoque en las intenciones te impulsa a crear oportunidades y te acerca cada vez más a una vida llena de éxito y realización personal. ¡Aprovecha las oportunidades que se cruzan en tu camino y conviértelas en escalones hacia tus metas más grandes!

Coherencia y alineación: Cuando nuestras acciones están alineadas con nuestras intenciones, creamos una coherencia interna que nos impulsa hacia el éxito. Nos sentimos en armonía con nuestros valores y propósito, lo que nos brinda una sensación de integridad y satisfacción. Al vivir de acuerdo con nuestras intenciones, nos convertimos en la mejor versión de nosotros mismos y creamos un camino sólido hacia el éxito.

Al establecer intenciones claras y vivir de acuerdo con ellas, creamos una coherencia interna que nos guía en cada paso que damos. Nos alineamos con nuestros valores, nuestros propósitos y nuestros sueños más profundos.

La coherencia y la alineación nos brindan una sensación de integridad. Nos sentimos completos y auténticos al vivir en congruencia con nuestras intenciones. Esto nos trae una satisfacción interna que va más allá de los resultados externos. Nos permite mirarnos en el espejo y sentirnos orgullosos de la persona que nos hemos convertido.

Al vivir de acuerdo con nuestras intenciones, nos convertimos en la mejor versión de nosotros mismos. Nos esforzamos por superarnos, crecer y evolucionar en todas las áreas de nuestra vida. Cada acción que tomamos está alineada con nuestro propósito y nos acerca más a nuestros objetivos. Nos convertimos en agentes activos de nuestra propia transformación.

La coherencia y la alineación también nos brindan un camino sólido hacia el éxito. Al vivir de acuerdo con nuestras intenciones, creamos un sentido de dirección y claridad en nuestras vidas. Cada paso que damos nos acerca más a nuestros objetivos y nos ayuda a construir una vida significativa y satisfactoria.

Recuerda que la coherencia y la alineación requieren de un compromiso constante. Es importante revisar nuestras intenciones regularmente y evaluar si nuestras acciones están en sintonía con ellas. Si descubrimos desviaciones, podemos ajustar nuestro rumbo y realinear nuestras acciones con nuestras intenciones. La clave está en cultivar la autenticidad y la coherencia en cada aspecto de nuestra vida.

Cuando nuestras acciones están alineadas con nuestras intenciones, creamos una coherencia interna que nos impulsa hacia el éxito. Nos sentimos en armonía con nuestros valores y propósito, lo que nos brinda una sensación de integridad y satisfacción. Al vivir de acuerdo con nuestras intenciones, nos convertimos en la mejor versión de nosotros mismos y creamos un camino sólido hacia el éxito. ¡Permítete vivir con coherencia y alineación, y descubre cómo esto moldea tu vida y te lleva a alcanzar tus metas más grandes!

El enfoque en las intenciones nos impulsa hacia el éxito al proporcionarnos claridad, motivación, foco, oportunidades y coherencia. Al establecer intenciones claras y significativas, nos conectamos con nuestros objetivos y creamos un impulso positivo que nos ayuda a alcanzar el éxito que deseamos en nuestra vida. Permitámonos enfocarnos en nuestras intenciones y desplegar todo nuestro potencial para crear la vida exitosa que merecemos.

Capítulo 6:

El ritual de la higiene matutina

Cuidando de ti mismo desde el principio

En este capítulo exploramos el poderoso ritual de la higiene matutina y cómo cuidar de uno mismo desde los primeros momentos del día. Descubriremos cómo estas prácticas de cuidado personal no solo tienen un impacto positivo en nuestra apariencia física, sino también en nuestra salud, bienestar y autoestima. Prepárate para sumergirte en este capítulo lleno de consejos prácticos y reflexiones inspiradoras para cultivar un ritual de higiene matutina que te ayude a brillar desde el interior hacia el exterior.

Exploración de la importancia de cuidar de nuestra higiene personal

Descubrimos cómo esta práctica diaria no solo tiene un impacto en nuestra apariencia física, sino también en nuestra salud, bienestar y autoestima.

Imagina despertar cada mañana y dedicar un tiempo especial para cuidar de ti mismo. Al explorar la importancia de la higiene personal, descubrimos que va más allá de simplemente mantener una buena apariencia externa. Es un acto de amor y respeto hacia nuestro propio cuerpo y mente.

La higiene personal nos permite mantener nuestro cuerpo limpio y saludable. Al lavarnos el rostro, cepillarnos los dientes, ducharnos y cuidar de nuestras uñas, estamos eliminando las impurezas y los gérmenes que se acumulan durante la noche. Esto no solo contribuye a una apariencia fresca y radiante, sino también a prevenir enfermedades y promover una buena salud.

Además, cuidar de nuestra higiene personal nos ayuda a mantener una buena autoestima y confianza en nosotros mismos. Cuando nos sentimos limpios y frescos, nos proyectamos de manera más positiva y nos sentimos más seguros en nuestras interacciones con los demás. La higiene personal es una forma de cuidado propio que nos permite sentirnos bien con nosotros mismos y mantener una actitud positiva.

Este tema sobre la importancia de cuidar de nuestra higiene personal nos invita a reflexionar sobre nuestros hábitos y rutinas diarias. Nos anima a establecer una práctica de higiene matutina que se adapte a nuestras necesidades y nos haga sentir bien. Esto puede incluir el uso de productos naturales, el cuidado de nuestra piel y cabello de manera adecuada, así como la incorporación de rituales que nos brinden un momento de relajación y bienestar.

Cuidar de nuestra higiene personal no se trata solo de la apariencia externa, sino también de cuidar de nuestro bienestar integral. Es una forma de autocuidado que nos ayuda a conectarnos con nuestro cuerpo, a sentirnos bien con nosotros mismos y a iniciar el día con una actitud positiva.

Así que, la exploración de la importancia de cuidar de nuestra higiene personal nos revela que va más allá de mantener una buena apariencia externa. Es un acto de amor propio que contribuye a nuestra salud, bienestar y autoestima. Permítete explorar y establecer una práctica de higiene matutina que te haga sentir bien y te brinde un momento de cuidado propio. Descubre cómo esta práctica transforma tu vida y te impulsa hacia una versión radiante y confiada de ti mismo. ¡Cuida de ti mismo desde el principio y descubre el poder de la higiene personal en tu vida!

Creación de un ritual de cuidado matutino que te haga sentir bien

La creación de un ritual de cuidado matutino personalizado comienza con la reflexión sobre tus necesidades y preferencias. Pregúntate qué actividades te hacen sentir bien y cómo te gustaría comenzar el día. Puede ser desde una sesión de estiramientos o yoga, hasta la aplicación de productos de cuidado facial o una taza de té reconfortante.

El objetivo principal de este ritual es hacerte sentir bien y establecer una conexión con tu cuerpo, mente y espíritu. Puedes incorporar actividades que te brinden relajación, como meditar, practicar la gratitud o leer algo inspirador. También puedes incluir prácticas de cuidado físico, como cuidar tu piel, peinarte o vestirte con ropa que te haga sentir cómodo y confiado.

La creación de un ritual de cuidado matutino es una oportunidad para dedicar tiempo y atención a tu bienestar. Es un momento en el que te enfocas en ti mismo y te nutres de energía positiva para enfrentar el día. Al establecer este ritual, estás enviando un mensaje claro de amor propio y autocuidado.

Tu ritual de cuidado matutino es único y personal. Puedes adaptarlo y modificarlo según tus necesidades y preferencias. La clave está en dedicar un tiempo especial para ti mismo cada mañana y crear un espacio sagrado de autocuidado y conexión.

Te invito a explorar tus necesidades y preferencias, y a diseñar un ritual personalizado que te permita conectar contigo mismo y cultivar una sensación de bienestar en cada mañana. Permítete disfrutar de este tiempo especial de cuidado y nutrición, y observa cómo transforma tu experiencia diaria. ¡Crea un ritual de cuidado matutino que te haga sentir bien y descubre el poder de comenzar el día cuidando de ti mismo!

Imaginemos disfrutar de una ducha revitalizante que no solo te limpia físicamente, sino que también renueva tu mente y espíritu. En este capítulo, exploraremos consejos para hacer de tu tiempo en la ducha un verdadero oasis de cuidado y bienestar.

Una de las recomendaciones clave es aprovechar el poder de la atención plena en la ducha. Convierte este momento en un ritual consciente, en el que te conectas con tus sentidos y te sumerges en la experiencia sensorial del agua caliente y las fragancias revitalizantes. Permítete disfrutar de cada gota de agua, siente cómo acaricia tu piel y déjate llevar por la sensación de limpieza y renovación.

Además, este es un momento ideal para cuidar de tu piel y cabello. Utiliza productos de calidad que se adapten a tus necesidades y preferencias. Tómate el tiempo para masajear suavemente tu cuero cabelludo, aplicar acondicionador o mascarillas hidratantes y cuidar de tu piel con exfoliantes suaves y cremas nutritivas. Estos pequeños gestos de cuidado pueden marcar una gran diferencia en tu apariencia y bienestar general.

Otro consejo importante es establecer una rutina de arreglo personal que te haga sentir bien y confiado. Dedica unos minutos para peinarte, afeitarte o maquillarte según tus preferencias. Estos momentos de arreglo personal te ayudan a presentarte al mundo de la manera que deseas, proyectando una imagen de confianza y cuidado.

Estos momentos en la ducha y el arreglo personal no solo son una oportunidad para cuidar de tu aspecto físico, sino también para nutrirte emocionalmente. Aprovecha este tiempo para conectar contigo mismo, reflexionar sobre tus metas y visualizar el éxito. Siente cómo te preparas para enfrentar el día con una actitud positiva y determinación.

Así que, aprovechar el tiempo en la ducha y el arreglo personal es una forma poderosa de cuidarte y prepararte para el día. Te invito a implementar estos consejos prácticos y convertir estos momentos diarios en una experiencia de cuidado y bienestar. Permítete disfrutar de la atención plena en la ducha, cuidar de tu piel y cabello, y establecer una rutina de arreglo personal que te haga sentir bien y confiado. ¡Descubre cómo estos pequeños gestos pueden tener un impacto significativo en tu bienestar y transformar tu experiencia diaria!

Capítulo 7:

La meditación y la conexión con tu interior

En este capítulo, incursionamos en diferentes técnicas de meditación que puedes incorporar en tu rutina matutina. Desde meditaciones guiadas hasta la práctica de la atención plena, descubrirás herramientas y enfoques que se adaptan a tus necesidades y preferencias. Te enseñaremos cómo encontrar un espacio tranquilo, cómo adoptar una postura cómoda y cómo dejar que tu mente se calme a medida que te sumerges en la meditación.

Además de los beneficios para la mente, la meditación también tiene un impacto positivo en nuestro bienestar físico y emocional. Estudios han demostrado que la meditación regular puede reducir la ansiedad, mejorar la calidad del sueño y fortalecer nuestro sistema inmunológico. También nos ayuda a cultivar la compasión hacia nosotros mismos y hacia los demás, fomentando relaciones más saludables y equilibradas.

La conexión con nuestro interior a través de la meditación nos brinda la oportunidad de conocernos a nosotros mismos en un nivel más profundo. Nos permite escuchar nuestra voz interior, reconocer nuestras necesidades y deseos, y tomar decisiones alineadas con nuestra autenticidad. Al establecer una práctica de meditación matutina, nos regalamos un espacio sagrado para nutrir nuestro ser interior y cultivar una mayor conexión con nosotros mismos y con el mundo que nos rodea.

En conclusión, la meditación y la conexión con nuestro interior son herramientas poderosas que podemos incorporar en nuestra rutina matutina para transformar nuestra vida. Te invito a adentrarte en este capítulo y descubrir cómo la meditación puede ayudarte a encontrar la calma, la claridad y el equilibrio en medio del ajetreo diario. Permítete conectar con tu ser interior, cultivar una mentalidad tranquila y establecer una práctica de meditación matutina que te ayude a florecer en cada aspecto de tu vida. ¡Descubre el poder de la meditación y la conexión con tu interior en tu camino hacia una vida más plena y significativa!

Encontrar un espacio tranquilo es fundamental

Para sumergirnos en la práctica de la meditación. Busca un lugar en tu hogar que te brinde serenidad y calma. Puede ser un rincón especial en tu habitación, un espacio en el jardín o incluso un rincón tranquilo en tu sala de estar. Asegúrate de que sea un lugar libre de distracciones, donde puedas tener privacidad y paz.

Una vez que hayas encontrado tu espacio tranquilo, es importante adoptar una postura cómoda para practicar la meditación. Puedes sentarte en una silla con los pies apoyados en el suelo y la espalda recta, o puedes optar por sentarte en el suelo sobre un cojín de meditación o una manta. La clave es encontrar una posición que te permita mantener la columna vertebral erguida y relajada, sin esfuerzo. Puedes apoyar las manos sobre las piernas o en tu regazo, como te resulte más cómodo.

Una vez que te hayas acomodado en tu postura, es momento de dejar que tu mente se calme a medida que te sumerges en la meditación. Comienza tomando conciencia de tu respiración. Observa cómo el aire entra y sale de tu cuerpo, sin forzar ni controlar la respiración. Simplemente sé consciente de cada inhalación y exhalación, permitiendo que tu respiración se vuelva más profunda y relajada.

A medida que te enfocas en tu respiración, es natural que aparezcan pensamientos en tu mente. No te preocupes por ellos. Permíteles que vengan y se vayan sin aferrarte a ellos. No los juzgues ni los analices, simplemente obsérvalos como si fueran nubes flotando en el cielo y deja que se desvanezcan. Vuelve tu atención a tu respiración y al momento presente una y otra vez.

Con el tiempo y la práctica, descubrirás que tu mente se calma y se aquietan los pensamientos. Te sumergirás en un estado de calma y presencia, donde experimentarás una sensación de paz y serenidad interior. No importa si logras mantener este estado durante toda la meditación o si te encuentras con momentos de inquietud o distracción. Lo importante es estar presente y abrirte a la experiencia de la meditación sin expectativas ni juicios.

Meditaciones guiadas

Las meditaciones guiadas son una herramienta poderosa para sumergirnos en un estado de relajación, calma y autoconocimiento. A través de estas prácticas, somos conducidos por un facilitador o una grabación de voz que nos guía paso a paso en nuestra meditación.

Lo maravilloso de las meditaciones guiadas es que están diseñadas para adaptarse a diferentes necesidades y objetivos. Pueden enfocarse en la relajación, la visualización, la gratitud, la sanación emocional, la conexión con el cuerpo y muchos otros temas. Al seguir las instrucciones del guía, podemos relajarnos y abrirnos a una experiencia profunda y transformadora.

Al practicar una meditación guiada, no necesitamos preocuparnos por qué hacer o cómo hacerlo. Simplemente nos dejamos llevar por la voz del guía y seguimos sus instrucciones. Esto es especialmente útil para aquellos que son nuevos en la meditación o que encuentran dificultades para calmar su mente por sí solos. La guía nos ayuda a mantenernos enfocados y a liberar cualquier resistencia o tensión interna.

Además de su accesibilidad, las meditaciones guiadas ofrecen una variedad de beneficios. Nos permiten relajarnos profundamente, aliviar el estrés y la ansiedad, mejorar nuestro estado de ánimo y promover la claridad mental. También nos ayudan a desarrollar la atención plena y la concentración, a fortalecer nuestra conexión con nosotros mismos y a cultivar una mayor compasión y aceptación.

Existen diversas formas de acceder a meditaciones guiadas. Puedes encontrar aplicaciones móviles y plataformas en línea que ofrecen una amplia gama de meditaciones guiadas de diferentes duraciones y temáticas. También puedes asistir a talleres, retiros o clases donde un facilitador guiará la meditación en vivo. Incluso puedes grabar tu propia voz y crear tus propias meditaciones guiadas personalizadas.

Al elegir una meditación guiada, es importante encontrar una voz y un estilo de guía que te resuene y te haga sentir cómodo. Puedes probar diferentes opciones y explorar diferentes facilitadores hasta encontrar aquellos que te inspiren y te ayuden a sumergirte en la práctica de manera efectiva.

La meditación guiada es una práctica personal y única para cada individuo. Puede ser una herramienta invaluable para nutrir tu bienestar y tu crecimiento personal. Permítete experimentar las maravillas de las meditaciones guiadas y descubre cómo pueden enriquecer tu vida y tu conexión contigo mismo. ¡Explora esta poderosa práctica y déjate guiar hacia una mayor paz y serenidad interior!

Beneficios de la meditación para calmar la mente y encontrar la paz interior

La meditación es una práctica milenaria que nos permite calmar la mente, encontrar la paz interior y cultivar una mayor armonía en nuestra vida cotidiana. A medida que nos sumergimos en la meditación, experimentamos una profunda tranquilidad y serenidad que nos ayuda a enfrentar los desafíos diarios con calma y claridad mental.

Uno de los principales beneficios de la meditación es la capacidad de calmar la mente agitada y reducir el estrés. A medida que nos sentamos en silencio y nos enfocamos en nuestra respiración o en un objeto de atención, permitimos que los pensamientos se desvanezcan y la mente se aquiete. Esto nos brinda un respiro de la agitación mental y nos permite descansar en un estado de calma interior.

Además de aliviar el estrés, la meditación nos ayuda a encontrar la paz interior. A medida que practicamos regularmente, desarrollamos una mayor capacidad para soltar las preocupaciones y las tensiones que nos aferran. Nos volvemos más conscientes de nuestras emociones y pensamientos sin dejar que nos arrastren. Esto nos permite experimentar una mayor paz mental y emocional, incluso en medio de las adversidades de la vida.

La meditación también nos brinda una mayor claridad mental. A medida que nos adentramos en la práctica, cultivamos la capacidad de observar nuestros pensamientos y emociones sin identificarnos con ellos. Esto nos ayuda a tomar decisiones más conscientes y a ver las situaciones desde una perspectiva más amplia. Nos volvemos menos reactivos y más capaces de responder de manera equilibrada a los desafíos que se nos presentan.

Otro beneficio importante de la meditación es la mejora de nuestra salud y bienestar general. Numerosos estudios han demostrado que la meditación regular puede reducir la presión arterial, fortalecer el sistema inmunológico, mejorar la calidad del sueño y aumentar la sensación de bienestar emocional. Al cultivar la paz interior a través de la meditación, estamos nutriendo nuestro cuerpo y mente de manera integral.

La meditación nos conecta con nuestro ser interior y nos ayuda a cultivar una mayor autocomprensión y autocompasión. A medida que nos adentramos en la práctica, desarrollamos una relación más amorosa y compasiva con nosotros mismos. Aprendemos a aceptarnos tal como somos, con nuestras fortalezas y debilidades, y nos damos permiso para ser humanos.

Es importante destacar que la meditación no requiere largos periodos de tiempo ni un lugar especial. Incluso unos pocos minutos al día pueden marcar una diferencia significativa en nuestra paz interior y bienestar. Puedes incorporar la meditación en tu rutina diaria, ya sea al despertar, antes de acostarte o en cualquier momento del día que te resulte más conveniente.

Guía para iniciar una práctica de meditación matutina

Iniciar una práctica de meditación matutina puede ser una experiencia transformadora que te ayudará a comenzar el día con calma, claridad y bienestar. Aquí tienes una guía para ayudarte a dar tus primeros pasos en esta aventura de la meditación matutina:

Encuentra un lugar tranquilo: Busca un espacio en tu hogar donde puedas tener un momento de tranquilidad sin distracciones. Puede ser un rincón especial en tu habitación, un rincón acogedor en tu sala de estar o incluso un espacio al aire libre donde puedas conectar con la naturaleza. Asegúrate de que sea un lugar donde te sientas cómodo y relajado.

Establece un horario regular: Elige un horario fijo para tu práctica de meditación matutina.

Puede ser justo después de despertar, antes de comenzar tu rutina diaria o en cualquier momento que te resulte conveniente. Al establecer una rutina regular, ayudarás a entrenar tu mente y cuerpo para que se preparen y se abran a la meditación de manera más fluida.

Adopta una postura cómoda: Siéntate en una posición que te resulte cómoda y estable. Puedes elegir sentarte en un cojín de meditación, en una silla con los pies apoyados en el suelo o incluso acostarte si prefieres. Asegúrate de mantener la espalda recta y relajada, permitiendo que la energía fluya libremente por tu cuerpo.

Enfoca tu atención en la respiración: Comienza tu meditación dirigiendo tu atención hacia tu respiración. Observa cómo el aire entra y sale de tu cuerpo, sintiendo la sensación de la respiración en tu abdomen, pecho o nariz. Si te resulta útil, puedes contar las inhalaciones y exhalaciones para ayudar a mantener tu mente enfocada.

Acepta los pensamientos y emociones: Durante la meditación, es natural que surjan pensamientos y emociones en tu mente. En lugar de luchar contra ellos o tratar de suprimirlos, simplemente obsérvalos con una actitud de aceptación y amabilidad. Permite que los pensamientos fluyan sin juzgarlos y deja que se vayan por sí solos, volviendo suavemente tu atención a la respiración.

Explora diferentes técnicas de meditación: Existen muchas técnicas de meditación que puedes explorar para encontrar la que mejor se adapte a ti. Puedes probar la meditación de atención plena, la meditación de visualización, la meditación de amor bondadoso o cualquier otra que te llame la atención. No tengas miedo de experimentar y descubrir cuál te resuena más.

Sé paciente y constante: La meditación es una práctica que se cultiva con el tiempo, por lo que es importante ser paciente y constante en tu práctica. No te desanimes si tu mente se dispersa o si tienes días en los que te resulta más difícil concentrarte. Acepta cada experiencia como parte del proceso y mantén tu compromiso de regresar a tu práctica una y otra vez.

Aprovecha los recursos disponibles: Si te resulta útil, utiliza recursos como aplicaciones de meditación, grabaciones de audio o guías

Ejercicios de mindfulness para cultivar la atención plena al despertar

Cultivar la atención plena al despertar es una práctica poderosa que nos permite comenzar el día con plena conciencia y presencia en el momento presente. Aquí tienes una guía con ejercicios de mindfulness para ayudarte a desarrollar esta habilidad:

Momento de consciencia: Antes de salir de la cama, tómate unos minutos para conectarte contigo mismo/a. Observa cómo te sientes física y emocionalmente en ese momento. Presta atención a las sensaciones de tu cuerpo, a tu respiración y a tus pensamientos. Simplemente sé consciente de todo lo que surge en tu experiencia sin juzgarlo ni intentar cambiarlo.

Escaneo corporal: Al despertar, lleva tu atención de manera consciente por todo tu cuerpo. Comienza por los dedos de los pies y ve ascendiendo lentamente hacia arriba, prestando atención a cada parte de tu cuerpo. Observa cualquier tensión, molestia o sensación de bienestar que puedas percibir. Permítete soltar cualquier tensión que encuentres a medida que recorres cada parte de tu cuerpo.

El escaneo corporal es una práctica de atención plena que nos permite conectarnos con nuestro cuerpo al despertar. Es un ejercicio sencillo pero poderoso que nos invita a prestar atención a cada parte de nuestro cuerpo de manera consciente.

Al despertar, tómate unos momentos para llevar tu atención a tus dedos de los pies. Observa cómo se sienten, si hay alguna sensación de tensión, relajación o bienestar. Con suavidad, ve ascendiendo lentamente por tu cuerpo, prestando atención a cada parte a medida que avanzas.

Presta atención a tus pies, tus piernas, tus caderas, tu abdomen, tu espalda, tus hombros, tus brazos, tus manos, tu cuello y tu cabeza. Observa cualquier sensación física que puedas percibir en cada área. Puede ser una sensación de pesadez, ligereza, calor, frío o cualquier otra sensación que surja.

Durante este proceso, también sé consciente de cualquier tensión o molestia que puedas encontrar en tu cuerpo. Permítete soltar y relajar cualquier tensión que encuentres a medida que recorres cada parte de tu cuerpo. Respira suavemente y envía intencionalmente una sensación de relajación a cada área.

Este ejercicio de escaneo corporal no solo nos ayuda a estar presentes en nuestro cuerpo al despertar, sino que también nos permite detectar y liberar cualquier tensión o incomodidad que hayamos acumulado durante la noche. Nos brinda la oportunidad de comenzar el día con un cuerpo más relajado y en armonía.

Así que la próxima vez que despiertes, date un momento para hacer un escaneo consciente de tu cuerpo. Disfruta de esta conexión íntima contigo mismo/a y permítete soltar cualquier tensión que encuentres. Descubre cómo esta práctica simple pero efectiva puede ayudarte a comenzar el día con mayor comodidad y bienestar.

Respiración consciente: Dedica unos minutos a enfocarte en tu respiración al despertar. Observa cómo el aire entra y sale de tu cuerpo.

Siente la expansión de tu abdomen y el flujo del aire por tus fosas nasales. Si tu mente se dispersa, simplemente suave y amablemente trae tu atención de vuelta a tu respiración. Utiliza tu respiración como un ancla para estar presente en el momento presente.

Apreciación de los sentidos: Tómate un momento para apreciar los sentidos al despertar. Observa los sonidos a tu alrededor, las sensaciones táctiles de las sábanas y la temperatura de la habitación. Abre los ojos y admira los colores y formas que te rodean. Disfruta del aroma de la mañana. Aprecia cada uno de tus sentidos y permite que te conecten plenamente con el entorno.

Intenciones para el día: Antes de levantarte de la cama, establece intenciones para el día. Reflexiona sobre cómo deseas vivir tu día y qué cualidades o actitudes te gustaría cultivar. Pueden ser intenciones como la paciencia, la amabilidad, la atención plena o la gratitud. Mantén estas intenciones presentes a lo largo del día y úsalas como guía para tus acciones y respuestas.

Alimentos conscientes: Durante el desayuno, practica la alimentación consciente. Sé consciente de los sabores, texturas y olores de los alimentos. Mastica lentamente y saborea cada bocado. Observa cómo tu cuerpo responde a la comida y qué sensaciones experimentas. Agradece por la comida que tienes y por el sustento que te brinda.

Caminar consciente: Si es posible, dedica unos minutos a caminar conscientemente al despertar. Siéntete conectado/a con cada paso que das. Observa cómo tus pies entran en contacto con el suelo, cómo tus músculos se mueven y cómo tu cuerpo se balancea en el caminar. Si tu mente se dispersa, suavemente trae tu atención de vuelta a la experiencia del caminar.

Tender tu cama es una actividad que forma parte de nuestra guía de ejercicios de mindfulness para ayudarte a desarrollar esta habilidad. Aunque pueda parecer una tarea simple y cotidiana, el acto de tender tu cama puede convertirse en un momento de atención plena y conexión contigo mismo/a.

Al tender tu cama, te invitamos a hacerlo de manera consciente y con plena atención en cada movimiento. Observa cómo estiras las sábanas, alisas las arrugas y acomodas las almohadas. Presta atención a la textura de las sábanas, el olor fresco de la ropa de cama y la sensación de orden y armonía que se crea.

Durante este proceso, aprovecha para estar presente en el momento presente. Enfócate en las sensaciones físicas que experimentas mientras realizas la tarea. Si tu mente comienza a divagar, suavemente tráela de regreso al aquí y ahora, concentrándote en los movimientos que estás haciendo y en la sensación de cuidado que estás brindando a tu espacio.

Tender tu cama puede convertirse en un ritual matutino que te ayuda a establecer una intención de cuidado y orden desde el comienzo del día. Al practicar el mindfulness durante esta actividad, estás entrenando tu mente para estar más presente y consciente en otras áreas de tu vida.

Además, al regresar a tu habitación al final del día, verás una cama hecha y un espacio acogedor que te brinda una sensación de calma y tranquilidad. Este simple acto puede tener un impacto positivo en tu bienestar general y en tu estado de ánimo.

Así que la próxima vez que vayas a tender tu cama, tómate un momento para practicar el mindfulness. Disfruta de la conexión con tu entorno, la atención a los detalles y la sensación de cuidado que brindas a tu espacio. Descubre cómo esta práctica simple puede transformar tu perspectiva y ayudarte a cultivar una mentalidad de atención plena en todas las áreas de tu vida.

La clave para cultivar la atención plena al despertar es la práctica constante y la amabilidad hacia ti mismo/a. A medida que incorpores estos ejercicios de mindfulness en tu rutina matutina, notarás cómo tu capacidad de estar presente y consciente se fortalece, lo que te permitirá vivir cada día con mayor plenitud y satisfacción.

Capítulo 8:

La importancia de la actividad física al despertar

En este capítulo, exploramos cómo el movimiento y el ejercicio pueden transformar nuestra energía, nuestra salud y nuestro bienestar general al comenzar el día. Descubriremos los beneficios de incorporar actividad física en nuestra rutina matutina y cómo esto puede influir en nuestro estado de ánimo, nuestra productividad y nuestra calidad de vida. Prepárate para despertar tu cuerpo y potenciar tu día con una dosis de movimiento y vitalidad.

Exploración de los beneficios del ejercicio matutino para el cuerpo y la mente.

Ideas para incorporar actividad física en tu rutina matutina

Incorporar actividad física en tu rutina matutina puede ser una excelente manera de empezar el día con energía y vitalidad. Aquí te presento algunas ideas para hacerlo:

Realiza ejercicios de estiramiento: Dedica unos minutos a estirar tu cuerpo al despertar. Realiza estiramientos suaves y suaves para despertar tus músculos y aumentar la flexibilidad. Puedes enfocarte en estirar los brazos, las piernas, el cuello y la espalda.

Haz una caminata matutina: Sal a caminar al aire libre y disfruta del aire fresco y la naturaleza. Puedes dar un paseo por el vecindario, un parque cercano o cualquier lugar tranquilo que te guste. Caminar es una forma suave y efectiva de ejercitarse, y te ayudará a despertar tu cuerpo y mente.

Realiza ejercicios cardiovasculares: Si prefieres un entrenamiento más enérgico, considera realizar ejercicios cardiovasculares como correr, saltar la cuerda, hacer bicicleta estática o bailar. Estos ejercicios te ayudarán a aumentar tu ritmo cardíaco y a liberar endorfinas, lo que te brindará una sensación de bienestar y energía para el resto del día.

Practica yoga o pilates: Estas disciplinas son ideales para fortalecer el cuerpo, mejorar la flexibilidad y encontrar equilibrio y serenidad. Puedes seguir una clase en línea o utilizar una aplicación de yoga o pilates para guiarte a través de una sesión matutina en la comodidad de tu hogar.

Realiza ejercicios de fuerza: Incorpora ejercicios de fuerza, como levantamiento de pesas o ejercicios de resistencia corporal, para fortalecer tus músculos y aumentar tu metabolismo. Puedes seguir rutinas específicas o realizar ejercicios básicos como flexiones, sentadillas y abdominales.

Ejemplos de ejercicios que puedes realizar sin necesidad de equipo especializado.

Si estás buscando ejercicios que puedas hacer en casa sin necesidad de equipo especializado, aquí te presento algunos ejemplos:

Sentadillas: Las sentadillas son un excelente ejercicio para fortalecer los músculos de las piernas y los glúteos. Simplemente colócate de pie con los pies separados al ancho de los hombros, baja lentamente como si fueras a sentarte en una silla imaginaria y luego vuelve a subir. Puedes hacer varias repeticiones para trabajar estos músculos.

Flexiones de brazos: Las flexiones son ideales para trabajar los músculos del pecho, los hombros y los brazos. Colócate en posición de plancha con las manos a la altura de los hombros, baja el cuerpo manteniendo el abdomen y los glúteos contraídos, y luego empuja hacia arriba. Si te resulta difícil hacer flexiones completas, puedes apoyarte en las rodillas en lugar de los pies.

Plancha: La plancha es un ejercicio efectivo para fortalecer los músculos del abdomen y la parte inferior de la espalda. Apóyate en los antebrazos y en las puntas de los pies, mantén el cuerpo recto y contrae los músculos del abdomen y los glúteos. Mantén esta posición durante 30 segundos o más, según tu nivel de condición física.

Saltos de tijera: Los saltos de tijera son un ejercicio cardiovascular que también ayuda a fortalecer las piernas. Da un salto lateral, llevando una pierna hacia adelante y la otra hacia atrás, alternando los pies en el aire. Puedes realizar una serie de saltos seguidos durante un tiempo determinado o un número específico de repeticiones.

Plancha lateral: Este ejercicio fortalece los músculos abdominales oblicuos y la parte superior del cuerpo. Colócate de lado, apoyado/a en un antebrazo y en los pies, mantén el cuerpo recto y contrae los músculos del abdomen. Mantén esta posición durante 30 segundos o más y luego cambia de lado.

Recuerda calentar antes de realizar cualquier ejercicio y hacer estiramientos al finalizar la sesión. Siempre escucha a tu cuerpo y adapta los ejercicios a tu nivel de condición física. Con estos ejercicios simples, podrás mantenerte activo/a y fortalecer tu cuerpo desde la comodidad de tu hogar. ¡Disfruta de tu rutina de ejercicios sin necesidad de equipo especializado!

Capítulo 9:

Nutriendo tu cuerpo con un desayuno saludable

Nos adentramos en el maravilloso mundo de la nutrición matutina y descubriremos cómo podemos nutrir nuestro cuerpo con un desayuno saludable. El desayuno es una comida fundamental que nos brinda la energía y los nutrientes necesarios para comenzar el día con vitalidad y bienestar. A lo largo de este capítulo, exploraremos la importancia de elegir alimentos nutritivos, aprenderemos sobre las opciones de desayuno equilibradas y descubriremos deliciosas recetas para comenzar nuestras mañanas con alegría y satisfacción. Prepárate para descubrir cómo nutrir tu cuerpo y despertar tus sentidos con un desayuno saludable y delicioso.

Después de tender tu cama y hacer los ejercicios recomendados, es importante un desayuno nutritivo para comenzar el día.

Después de haber tendido tu cama y haber realizado los ejercicios recomendados para despertar tu cuerpo y mente, es momento de alimentarte con un desayuno nutritivo que te proporcione la energía necesaria para enfrentar el día con vitalidad y claridad mental. El desayuno es considerado la comida más importante del día, ya que rompe el ayuno nocturno y repone los niveles de glucosa en tu organismo.

Un desayuno equilibrado debe incluir alimentos que te brinden los nutrientes esenciales, como proteínas, carbohidratos saludables, grasas saludables, vitaminas y minerales. Optar por alimentos naturales y evitar los procesados es fundamental para nutrir tu cuerpo de manera adecuada.

Puedes comenzar tu desayuno con una fuente de proteína, como huevos, yogur griego o tofu, que te ayudará a mantener la saciedad y promoverá la construcción y reparación muscular. Acompáñalo con carbohidratos saludables, como avena, pan integral o frutas, que te brindarán la energía necesaria para afrontar tus actividades diarias. Además, añade grasas saludables, como aguacate, nueces o semillas, que te ayudarán a mantener el equilibrio hormonal y a absorber adecuadamente las vitaminas liposolubles.

Es importante también incluir una porción de frutas o vegetales en tu desayuno para obtener vitaminas, minerales y fibra. Puedes añadirlos a tus batidos, ensaladas de frutas o como guarnición en tus platillos. No olvides hidratarte adecuadamente con agua, té o infusiones para mantener tu organismo funcionando de manera óptima.

Cada persona tiene diferentes necesidades nutricionales, por lo que es importante adaptar tu desayuno a tus preferencias y requerimientos individuales. Escucha a tu cuerpo y elige alimentos que te hagan sentir bien y te den la energía necesaria. ¡Prepara un desayuno nutritivo y delicioso para comenzar tu día con el pie derecho y nutrir tu cuerpo de la mejor manera posible!

Ideas de alimentos saludables y equilibrados para incluir en tu desayuno

Te presento algunas ideas de alimentos saludables y equilibrados que puedes incluir en tu desayuno para nutrir tu cuerpo de manera óptima:

Huevos: Son una excelente fuente de proteínas de alta calidad y contienen nutrientes esenciales como colina y vitamina D. Puedes prepararlos revueltos, cocidos, en tortilla o como omelette.

Avena: Es rica en fibra, vitaminas y minerales. Puedes disfrutarla en forma de gachas de avena caliente, overnight oats o añadirla a tus batidos.

Frutas frescas: Las frutas son una fuente natural de vitaminas, minerales y antioxidantes. Puedes incluir una variedad de frutas en tu desayuno, como plátanos, bayas, manzanas o kiwis.

Yogur griego: Es rico en proteínas y probióticos, que benefician a la salud intestinal. Puedes combinarlo con frutas, granola o frutos secos para obtener una opción aún más completa.

Pan integral: Opta por pan integral en lugar de pan blanco, ya que contiene más fibra y nutrientes. Puedes disfrutarlo tostado y combinarlo con aguacate, hummus o alguna proteína magra.

Frutos secos y semillas: Son una excelente fuente de grasas saludables, proteínas y fibra. Agrega almendras, nueces, chía, semillas de lino o de girasol a tus yogures, batidos o espolvorea sobre tus gachas de avena.

Smoothies: Prepara un delicioso batido con frutas, verduras, yogur y alguna proteína en polvo. Puedes agregar espinacas, plátano, mango, esencia de vainilla y leche vegetal para obtener una opción nutritiva y refrescante.

Tostadas de aguacate: Unta aguacate en pan integral tostado y añade sal, pimienta y un toque de limón. Puedes agregar también tomate, pepino o huevo para una opción más completa.

Recetas y consejos para planificar y preparar desayunos saludables

Algunas recetas y consejos para planificar y preparar desayunos saludables que te ayudarán a comenzar el día de manera nutritiva y deliciosa:

Bowl de yogur y frutas: En un tazón, combina yogur griego con tu fruta favorita, como fresas, plátanos o arándanos. Agrega un puñado de granola casera o nueces picadas para obtener un toque crujiente. Puedes endulzar con miel o sirope de agave, si lo deseas.

Tostadas de huevo y aguacate: Tuesta una rebanada de pan integral y unta aguacate maduro en ella. Prepara un huevo revuelto o pochado y colócalo sobre el aguacate. Condimenta con sal, pimienta y especias al gusto.

Batido verde: En una licuadora, mezcla espinacas frescas, plátano, piña y leche de almendras. Agrega un poco de proteína en polvo si lo deseas. Licúa hasta obtener una consistencia suave y cremosa. Puedes añadir semillas de chía o de lino para obtener un extra de nutrientes.

Tazón de avena: Prepara avena caliente u overnight oats mezclando avena, leche vegetal y semillas de chía en un recipiente. Déjalo reposar en el refrigerador durante la noche. Por la mañana, añade frutas frescas, nueces y un toque de canela.

Tortilla de vegetales: Saltea tus vegetales favoritos, como espinacas, pimientos y champiñones, en una sartén con un poco de aceite de oliva. Bate huevos en un recipiente aparte, viértelos sobre las verduras y cocina hasta que esté firme. Acompaña con una rebanada de pan integral.

Parfait de frutas y yogur: En un vaso o frasco, alterna capas de yogur griego, frutas frescas en trozos y granola. Repite las capas hasta llenar el recipiente. Puedes endulzar con un poco de miel o sirope de arce.

Crepes de avena: Mezcla harina de avena, huevos, leche y un poco de vainilla en un recipiente. Cocina la masa en una sartén antiadherente hasta que esté dorada por ambos lados. Rellena con frutas frescas y un poco de yogur.

La clave para planificar y preparar desayunos saludables es incorporar una variedad de alimentos nutritivos y equilibrados. Puedes pre-planificar tus desayunos para la semana, asegurándote de incluir proteínas, carbohidratos saludables, grasas saludables y una porción de frutas o verduras.

Además, es importante tener en cuenta tus preferencias y necesidades individuales. Experimenta con diferentes ingredientes y sabores para descubrir tus combinaciones favoritas. ¡Disfruta de un desayuno saludable que te brinde energía, nutrición y satisfacción para afrontar el día con todo tu potencial!

Capítulo 10:

El poder de la lectura y el aprendizaje temprano

En el capítulo 10 de nuestro libro "Por qué tender tu cama: Cómo los hábitos matutinos moldean tu vida", nos adentramos en el fascinante mundo de la lectura y el aprendizaje temprano. En este capítulo, exploraremos el poder transformador de la lectura y cómo cultivar el hábito de la lectura matutina puede tener un impacto significativo en nuestra vida.

La lectura es una puerta hacia el conocimiento, la imaginación y el crecimiento personal. Nos transporta a mundos desconocidos, nos permite vivir aventuras emocionantes y nos brinda la oportunidad de aprender de las experiencias de otros. Es un recurso invaluable que nos enriquece en muchos aspectos.

En este capítulo, descubriremos cómo el hábito de la lectura matutina puede abrir nuestras mentes, expandir nuestro horizonte y nutrir nuestra alma. Exploraremos las diversas formas en las que podemos incorporar la lectura en nuestra rutina matutina y cómo podemos aprovechar al máximo este tiempo dedicado a la exploración intelectual y emocional.

También exploraremos los beneficios de la lectura temprana y cómo podemos fomentar el amor por la lectura en los más pequeños. El aprendizaje temprano a través de la lectura no solo estimula su desarrollo cognitivo, sino que también les brinda una base sólida para el aprendizaje futuro y los empodera para enfrentar los desafíos de la vida con confianza.

A lo largo de este capítulo, compartiremos recomendaciones de libros inspiradores, estrategias para establecer una rutina de lectura matutina y consejos para aprovechar al máximo este tiempo precioso. Nos sumergiremos en el mundo de las palabras, las historias y las ideas, y descubriremos cómo la lectura puede ser un poderoso aliado en nuestra búsqueda de una vida plena y enriquecedora.

Así que prepárate para sumergirte en las páginas de la sabiduría, la imaginación y el conocimiento. En el capítulo 10, exploraremos el poder de la lectura y el aprendizaje temprano y descubriremos cómo estos hábitos matutinos pueden transformar nuestras vidas de una manera extraordinaria. ¡Bienvenido a esta maravillosa travesía literaria y de crecimiento personal!

Beneficios de la lectura y el aprendizaje en las primeras horas del día

La lectura y el aprendizaje en las primeras horas del día tienen numerosos beneficios que pueden enriquecer nuestra vida de múltiples formas. Estos hábitos matutinos nos brindan una oportunidad invaluable para nutrir nuestra mente, expandir nuestro conocimiento y despertar nuestra creatividad. A continuación, exploraremos algunos de los beneficios más destacados de incorporar la lectura y el aprendizaje en nuestras rutinas matutinas.

Estimulación mental: La lectura y el aprendizaje temprano ejercitan nuestra mente y estimulan nuestras capacidades cognitivas. Al dedicar tiempo a la lectura por la mañana, estamos activando nuestro cerebro y preparándolo para enfrentar los desafíos del día. Esta actividad mental nos ayuda a mantenernos alerta, enfocados y con una mente ágil.

Dedicar tiempo a la lectura por la mañana nos permite estimular nuestra mente y potenciar nuestras capacidades cognitivas. Esta actividad mental nos ayuda a mantenernos alerta, enfocados y con una mente ágil, preparándonos para enfrentar los desafíos del día. Así que no olvides reservar un tiempo en tus mañanas para sumergirte en un buen libro o adquirir nuevos conocimientos, ¡tu mente te lo agradecerá!

La estimulación mental es uno de los beneficios más destacados de la lectura y el aprendizaje temprano. Cuando nos dedicamos a la lectura por la mañana, estamos ejercitando nuestra mente y estimulando nuestras capacidades cognitivas. Al sumergirnos en las palabras impresas, estamos activando áreas clave de nuestro cerebro y preparándolo para enfrentar los desafíos del día.

La lectura es una actividad que requiere atención y concentración. A medida que avanzamos en las páginas de un libro, estamos procesando información, interpretando significados y conectando ideas. Este proceso mental nos mantiene alerta y despiertos, ayudándonos a enfocarnos en la tarea presente y a mantener una mente ágil y receptiva.

Además, la lectura nos permite expandir nuestro vocabulario y mejorar nuestra comprensión verbal. Al encontrarnos con nuevas palabras y expresiones, estamos desafiando a nuestra mente a integrar y asimilar nueva información. Esto fortalece nuestras habilidades lingüísticas y nos hace más hábiles para comunicarnos de manera efectiva.

Otro aspecto importante de la estimulación mental que la lectura y el aprendizaje temprano proporcionan es la mejora de nuestra capacidad de pensamiento crítico y análisis. Al sumergirnos en distintos géneros literarios o temas de interés, estamos expuestos a diferentes perspectivas y puntos de vista. Esto nos invita a reflexionar, cuestionar y evaluar la información que recibimos, fomentando así nuestra capacidad de análisis y razonamiento.

La estimulación mental que obtenemos de la lectura y el aprendizaje temprano nos brinda una ventaja en la vida cotidiana. Al ejercitar nuestra mente, nos volvemos más flexibles y adaptables, lo que nos permite enfrentar los desafíos con mayor facilidad. Además, una mente activa y ágil nos ayuda a retener y procesar información de manera más eficiente, lo que puede ser beneficioso tanto en el ámbito personal como profesional.

Expansión del conocimiento: La lectura nos permite acceder a una amplia gama de conocimientos, ideas y perspectivas. Al leer, exploramos nuevos temas, descubrimos culturas diferentes y ampliamos nuestra comprensión del mundo que nos rodea. El aprendizaje temprano también nos expone a nuevas habilidades y conceptos que pueden enriquecer nuestra vida personal y profesional.

Explica: Estimulación mental: La lectura y el aprendizaje temprano ejercitan nuestra mente y estimulan nuestras capacidades cognitivas. Al dedicar tiempo a la lectura por la mañana, estamos activando nuestro cerebro y preparándolo para enfrentar los desafíos del día. Esta actividad mental nos ayuda a mantenernos alerta, enfocados y con una mente ágil.

La estimulación mental es uno de los beneficios más destacados de la lectura y el aprendizaje temprano. Cuando nos dedicamos a la lectura por la mañana, estamos ejercitando nuestra mente y estimulando nuestras capacidades cognitivas. Al sumergirnos en las palabras impresas, estamos activando áreas clave de nuestro cerebro y preparándolo para enfrentar los desafíos del día.

La lectura es una actividad que requiere atención y concentración. A medida que avanzamos en las páginas de un libro, estamos procesando información, interpretando significados y conectando ideas. Este proceso mental nos mantiene alerta y despiertos, ayudándonos a enfocarnos en la tarea presente y a mantener una mente ágil y receptiva.

Además, la lectura nos permite expandir nuestro vocabulario y mejorar nuestra comprensión verbal. Al encontrarnos con nuevas palabras y expresiones, estamos desafiando a nuestra mente a integrar y asimilar nueva información. Esto fortalece nuestras habilidades lingüísticas y nos hace más hábiles para comunicarnos de manera efectiva.

Otro aspecto importante de la estimulación mental que la lectura y el aprendizaje temprano proporcionan es la mejora de nuestra capacidad de pensamiento crítico y análisis. Al sumergirnos en distintos géneros literarios o temas de interés, estamos expuestos a diferentes perspectivas y puntos de vista. Esto nos invita a reflexionar, cuestionar y evaluar la información que recibimos, fomentando así nuestra capacidad de análisis y razonamiento.

La estimulación mental que obtenemos de la lectura y el aprendizaje temprano nos brinda una ventaja en la vida cotidiana. Al ejercitar nuestra mente, nos volvemos más flexibles y adaptables, lo que nos permite enfrentar los desafíos con mayor facilidad. Además, una mente activa y ágil nos ayuda a retener y procesar información de manera más eficiente, lo que puede ser beneficioso tanto en el ámbito personal como profesional.

En resumen, dedicar tiempo a la lectura por la mañana nos permite estimular nuestra mente y potenciar nuestras capacidades cognitivas. Esta actividad mental nos ayuda a mantenernos alerta, enfocados y con una mente ágil, preparándonos para enfrentar los desafíos del día. Así que no olvides reservar un tiempo en tus mañanas para sumergirte en un buen libro o adquirir nuevos conocimientos, ¡tu mente te lo agradecerá!

Inspiración y motivación: La lectura matutina puede ser una fuente constante de inspiración y motivación. Al sumergirnos en historias de superación, biografías de personas exitosas o libros de desarrollo personal, podemos obtener una dosis de motivación para enfrentar nuestros propios desafíos. Las palabras de sabiduría y las experiencias compartidas en los libros pueden despertar nuestra determinación y energía positiva.

La estimulación mental es uno de los beneficios más destacados de la lectura y el aprendizaje temprano. Cuando nos dedicamos a la lectura por la mañana, estamos ejercitando nuestra mente y estimulando nuestras capacidades cognitivas. Al sumergirnos en las palabras impresas, estamos activando áreas clave de nuestro cerebro y preparándolo para enfrentar los desafíos del día.

La lectura es una actividad que requiere atención y concentración. A medida que avanzamos en las páginas de un libro, estamos procesando información, interpretando significados y conectando ideas. Este proceso mental nos mantiene alerta y despiertos, ayudándonos a enfocarnos en la tarea presente y a mantener una mente ágil y receptiva.

Además, la lectura nos permite expandir nuestro vocabulario y mejorar nuestra comprensión verbal. Al encontrarnos con nuevas palabras y expresiones, estamos desafiando a nuestra mente a integrar y asimilar nueva información. Esto fortalece nuestras habilidades lingüísticas y nos hace más hábiles para comunicarnos de manera efectiva.

Otro aspecto importante de la estimulación mental que la lectura y el aprendizaje temprano proporcionan es la mejora de nuestra capacidad de pensamiento crítico y análisis. Al sumergirnos en distintos géneros literarios o temas de interés, estamos expuestos a diferentes perspectivas y puntos de vista. Esto nos invita a reflexionar, cuestionar y evaluar la información que recibimos, fomentando así nuestra capacidad de análisis y razonamiento.

La estimulación mental que obtenemos de la lectura y el aprendizaje temprano nos brinda una ventaja en la vida cotidiana. Al ejercitar nuestra mente, nos volvemos más flexibles y adaptables, lo que nos permite enfrentar los desafíos con mayor facilidad. Además, una mente activa y ágil nos ayuda a retener y procesar información de manera más eficiente, lo que puede ser beneficioso tanto en el ámbito personal como profesional.

Dedicar tiempo a la lectura por la mañana nos permite estimular nuestra mente y potenciar nuestras capacidades cognitivas. Esta actividad mental nos ayuda a mantenernos alerta, enfocados y con una mente ágil, preparándonos para enfrentar los desafíos del día. Así que no olvides reservar un tiempo en tus mañanas para sumergirte en un buen libro o adquirir nuevos conocimientos,

Desarrollo de la imaginación y la creatividad: La lectura estimula nuestra imaginación y nos invita a sumergirnos en mundos imaginarios. Al abrir un libro, nos transportamos a lugares lejanos, conocemos personajes fascinantes y experimentamos aventuras extraordinarias. Este proceso creativo nos ayuda a desarrollar nuestra propia imaginación y creatividad, lo cual puede tener un impacto positivo en todas las áreas de nuestra vida.

La lectura matutina tiene un poderoso efecto en el desarrollo de nuestra imaginación y creatividad. Al abrir un libro, nos adentramos en un mundo lleno de posibilidades, donde nuestra mente puede volar libremente y explorar nuevas ideas y conceptos. Cada página nos invita a visualizar paisajes, personajes y situaciones, estimulando así nuestra capacidad de imaginar y crear.

Al sumergirnos en las descripciones detalladas y las historias cautivadoras, nuestra mente se expande y se vuelve más receptiva a nuevas ideas y perspectivas. La lectura nos permite explorar diferentes escenarios y situaciones, lo que a su vez despierta nuestra creatividad al plantearnos preguntas, buscar soluciones innovadoras y experimentar con diferentes puntos de vista.

A medida que nos sumergimos en las palabras y dejamos volar nuestra imaginación, desarrollamos la habilidad de visualizar y crear imágenes mentales vívidas. Esto no solo nos brinda una experiencia de lectura más enriquecedora, sino que también potencia nuestra capacidad de visualización en otras áreas de nuestra vida. Al entrenar nuestra imaginación a través de la lectura, podemos aplicar este recurso en proyectos creativos, resolución de problemas y toma de decisiones.

Además, la lectura nos expone a diferentes estilos de escritura, narrativas y géneros literarios, lo que nos inspira a expandir nuestros propios horizontes creativos. A medida que exploramos distintas obras literarias, descubrimos nuevas formas de expresión y adquirimos una perspectiva más amplia del mundo. Esta diversidad literaria nutre nuestra creatividad al brindarnos nuevas ideas, enfoques y formas de comunicación.

La lectura matutina, al estimular nuestra imaginación y creatividad, nos brinda un valioso recurso para enfrentar los desafíos cotidianos. Nos ayuda a ver el mundo desde diferentes perspectivas, a encontrar soluciones innovadoras y a abordar los problemas con una mentalidad abierta y flexible. Además, la lectura puede inspirarnos a desarrollar nuestras propias habilidades creativas, ya sea a través de la escritura, la pintura, la música u otras formas de expresión artística.

Así que, reserva unos minutos cada mañana para sumergirte en la lectura y dejar volar tu imaginación. Permítete explorar nuevos mundos, conocer personajes fascinantes y vivir aventuras emocionantes. Abre tu mente a la creatividad y deja que la lectura moldee tu capacidad de imaginar y crear.

Reducción del estrés: Leer por la mañana nos brinda un momento de calma y tranquilidad en medio de la rutina diaria. Al sumergirnos en un libro, desconectamos de las preocupaciones y el estrés, permitiendo que nuestra mente se relaje y se recargue. Esta pausa mental nos ayuda a comenzar el día con una sensación de serenidad y equilibrio emocional.

La lectura matutina es una excelente manera de reducir el estrés y encontrar un momento de paz en medio de nuestras ocupadas vidas. Al sumergirnos en un libro, nos transportamos a un mundo diferente y nos desconectamos de las preocupaciones y tensiones cotidianas. Este tiempo dedicado a la lectura nos permite relajar nuestra mente y liberar el estrés acumulado.

Durante la lectura, nos sumergimos en la historia y nos enfocamos en el texto, lo que nos ayuda a desviar nuestra atención de los pensamientos estresantes. Nos concentramos en el presente y en la narrativa, permitiendo que nuestra mente se aleje de las preocupaciones del pasado o las anticipaciones del futuro. Este enfoque en el momento presente nos brinda una sensación de calma y nos permite experimentar un estado de tranquilidad y relajación.

Además, la lectura nos brinda la oportunidad de sumergirnos en temas que nos interesan y nos apasionan. Al elegir libros que nos gusten y que nos resulten enriquecedores, nos sumergimos en historias que nos aportan satisfacción y placer. Esta experiencia agradable nos ayuda a liberar tensiones y a reducir el estrés emocional.

Asimismo, la lectura matutina nos brinda un espacio para el autocuidado y la autorreflexión. Nos permite tomarnos un tiempo para nosotros mismos y dedicarnos a una actividad que nos gusta y que nos reconforta. Al priorizar nuestro bienestar emocional a través de la lectura, podemos establecer un equilibrio saludable en nuestras vidas y manejar el estrés de manera más efectiva.

La lectura matutina no solo nos ayuda a reducir el estrés en el momento presente, sino que también nos brinda herramientas para lidiar con las tensiones a lo largo del día. A través de las historias, los personajes y las enseñanzas que encontramos en los libros, podemos adquirir perspectivas nuevas y herramientas emocionales para enfrentar los desafíos diarios. La lectura nos inspira, nos motiva y nos ayuda a encontrar soluciones creativas a los problemas que enfrentamos.

Mejora de la concentración y la memoria: La lectura requiere atención y concentración, lo cual nos ayuda a desarrollar estas habilidades. Al dedicar tiempo a leer en las primeras horas del día, estamos entrenando nuestra capacidad de concentración y mejorando nuestra memoria a largo plazo. Estas habilidades son fundamentales para tener un rendimiento óptimo en nuestras tareas diarias y para potenciar nuestro desarrollo intelectual.

La lectura matutina no solo nos brinda momentos de disfrute y entretenimiento, sino que también tiene un impacto positivo en nuestras habilidades cognitivas, como la concentración y la memoria.

Al dedicar tiempo a la lectura en las primeras horas del día, estamos ejercitando nuestra mente y fortaleciendo estas capacidades fundamentales.

La lectura requiere un enfoque y una atención plena en el contenido del libro. A medida que seguimos la trama, los personajes y las ideas presentadas en el texto, estamos entrenando nuestra capacidad de concentración. Nos sumergimos en la lectura y nos adentramos en un mundo de palabras e imaginación, lo cual nos exige mantener la atención en el hilo narrativo.

Además, la lectura nos desafía a seguir el flujo de la historia y a recordar detalles importantes. Esto implica poner en práctica nuestra memoria a corto plazo, que nos permite retener la información que estamos leyendo y conectarla con el contexto general de la historia. Con cada página que leemos, nuestra memoria se ejercita y se fortalece.

La mejora de la concentración y la memoria a través de la lectura matutina tiene efectos positivos en otras áreas de nuestra vida. Una mayor capacidad de concentración nos permite realizar tareas con mayor eficiencia y profundidad. Podemos mantenernos enfocados por períodos más largos y resistir las distracciones externas. Esto es especialmente útil en nuestras actividades laborales o de estudio, donde la concentración es crucial para lograr resultados satisfactorios.

Asimismo, una mejor memoria nos ayuda a retener y recordar información importante. Esto no solo es útil en el ámbito académico o profesional, sino también en nuestra vida diaria. Recordar detalles, fechas, nombres y conceptos clave nos permite tener conversaciones más enriquecedoras, tomar decisiones informadas y mantener nuestras mentes ágiles y activas.

La lectura matutina se convierte en un entrenamiento mental poderoso que ejercita nuestras habilidades cognitivas. Cuanto más leemos, más desarrollamos nuestra capacidad de concentración y memoria. Además, la diversidad de temas y géneros literarios a los que podemos acceder amplía nuestra base de conocimientos y estimula nuestro pensamiento crítico.

Estos son solo algunos ejemplos de los beneficios que la lectura y el aprendizaje en las primeras horas del día pueden aportar a nuestra vida. Al incorporar estos hábitos en nuestras rutinas matutinas, estamos invirtiendo en nuestro crecimiento personal, enriqueciendo nuestra mente y construyendo una base sólida para un día exitoso y gratificante. ¡Así que toma un libro, siéntate en tu rincón favorito y disfruta de los maravillosos beneficios que la lectura y el aprendizaje temprano tienen para ofrecerte!

Recomendaciones de libros inspiradores y motivadores para leer por la mañana

Aquí tienes algunas recomendaciones de libros inspiradores y motivadores que puedes leer por la mañana para comenzar el día con energía positiva y motivación:

"El monje que vendió su Ferrari" de Robin Sharma: Esta obra nos invita a reflexionar sobre el verdadero sentido de la vida y nos enseña valiosas lecciones sobre la importancia de la sabiduría, el equilibrio y la búsqueda de la felicidad.

"El poder del ahora" de Eckhart Tolle: Este libro nos guía hacia la comprensión de la importancia de vivir en el presente y nos invita a liberarnos del sufrimiento causado por la mente y las preocupaciones del pasado y el futuro.

"Las 7 leyes espirituales del éxito" de Deepak Chopra: En esta obra, el autor nos presenta principios espirituales para alcanzar el éxito en todas las áreas de nuestra vida. Nos enseña a conectar con nuestra verdadera esencia y a vivir en armonía con el universo.

"El alquimista" de Paulo Coelho: Esta novela nos transporta en un viaje de autodescubrimiento y nos inspira a seguir nuestros sueños. Nos recuerda que cada uno de nosotros tiene un propósito en la vida y nos anima a perseverar en su búsqueda.

"Más allá de la inteligencia emocional" de Daniel Goleman: En este libro, el autor explora la importancia de las habilidades emocionales en nuestra vida y nos proporciona herramientas prácticas para desarrollar una inteligencia emocional más profunda y efectiva.

"La magia del orden" de Marie Kondo: Este libro nos enseña la importancia de tener un entorno ordenado y organizado para lograr la armonía y el bienestar en nuestra vida. Nos guía en el proceso de eliminar el desorden y nos muestra cómo el orden externo influye en nuestra paz interior.

Estas son solo algunas recomendaciones, pero hay una amplia variedad de libros inspiradores y motivadores disponibles. Elige aquellos que resuenen contigo y te inspiren a crecer, aprender y alcanzar tus metas. Dedica unos minutos cada mañana a sumergirte en la lectura y permite que estas obras te impulsen hacia una vida más plena y significativa. ¡Disfruta del poder transformador de la lectura!

Cómo incorporar la lectura y el aprendizaje en tu rutina matutina

Incorporar la lectura y el aprendizaje en tu rutina matutina puede ser una forma poderosa de empezar el día con una mentalidad de crecimiento y enriquecimiento personal. Aquí te brindo algunas ideas para incorporar estas actividades en tu rutina matutina:

Establece un tiempo dedicado a la lectura: Reserva un espacio específico en tu rutina matutina para la lectura. Puede ser al despertar, antes de comenzar tus actividades diarias o durante el desayuno. Asignar un tiempo específico te ayudará a ser constante y a mantener el hábito.

Establecer un tiempo dedicado a la lectura en tu rutina matutina es una excelente manera de priorizar esta actividad y asegurarte de que se convierta en un hábito constante en tu vida. Aquí te doy algunos consejos para reservar ese tiempo y aprovechar al máximo tus sesiones de lectura matutina:

Define un horario fijo: Elige un momento específico del día en el que sepas que tendrás tiempo y tranquilidad para leer. Puede ser al despertar, después de hacer ejercicio o antes de empezar tus responsabilidades diarias. Establecer una hora fija te ayudará a crear un hábito consistente y a asegurarte de que la lectura sea parte integral de tu rutina matutina.

Elimina distracciones: Busca un lugar tranquilo y libre de distracciones donde puedas sumergirte en tu lectura. Apaga el teléfono o ponlo en modo silencioso para evitar interrupciones. Crea un ambiente propicio para concentrarte en tu libro y disfrutar plenamente de la experiencia de lectura.

Establece metas de lectura realistas: Define un objetivo alcanzable para tu sesión de lectura matutina. Puede ser leer un número determinado de páginas, un capítulo completo o incluso dedicar un tiempo específico a la lectura, como 20 o 30 minutos. Establecer metas realistas te ayudará a mantenerte motivado y a medir tu progreso a lo largo del tiempo.

Prepara tu entorno: Organiza tu espacio de lectura de manera que sea cómodo y acogedor. Asegúrate de tener una silla o un sofá confortable, una buena iluminación y, si lo prefieres, una taza de tu bebida favorita para disfrutar mientras lees. Crear un entorno agradable te permitirá sumergirte en tu lectura y disfrutar al máximo de cada sesión.

Varía tus lecturas: Experimenta con diferentes géneros y tipos de libros para mantener tu interés y curiosidad. Puedes alternar entre novelas, ensayos, libros de desarrollo personal o incluso revistas y artículos. La diversidad de lecturas te ayudará a ampliar tus horizontes y a descubrir nuevos temas y autores que te fascinen.

Haz anotaciones y reflexiones: Durante tu lectura matutina, puedes tomar notas o subrayar las partes que más te llamen la atención. Esto te permitirá reflexionar sobre el contenido y retener la información de manera más efectiva. Además, escribir tus propias reflexiones y pensamientos sobre el libro te ayudará a internalizar y aplicar lo que has aprendido.

Recuerda que la lectura matutina no solo es una forma de adquirir conocimientos, sino también de relajarte, inspirarte y comenzar el día de manera positiva. Establecer un tiempo dedicado a la lectura en tu rutina matutina te permitirá disfrutar de esta maravillosa actividad y cosechar todos sus beneficios en tu vida diaria.

Crea un ambiente propicio para la lectura: Busca un lugar tranquilo y cómodo donde puedas concentrarte en la lectura sin distracciones. Puedes crear un rincón acogedor en tu hogar con una silla cómoda, una lámpara de lectura y tus libros favoritos a mano.

Crear un ambiente propicio para la lectura es fundamental para disfrutar al máximo de tus sesiones de lectura matutina. Aquí te comparto algunas recomendaciones para crear un espacio acogedor y libre de distracciones:

Encuentra un lugar tranquilo: Busca un espacio en tu hogar donde puedas leer sin interrupciones. Puede ser un rincón en tu sala, un área en tu habitación o incluso un espacio al aire libre si tienes esa posibilidad. Lo importante es elegir un lugar donde te sientas cómodo y puedas sumergirte en tu lectura sin distracciones externas.

Asegura una buena iluminación: Es fundamental contar con una iluminación adecuada para leer cómodamente. Busca una lámpara de lectura que te proporcione luz directa sobre el libro, evitando sombras incómodas o reflejos en las páginas. Si prefieres la luz natural, intenta leer cerca de una ventana con luz natural suave.

Crea un espacio cómodo: Elige una silla o un sofá que te permita estar en una posición relajada y confortable durante la lectura. Añade cojines o una manta para mayor comodidad. Asegúrate de contar con un respaldo adecuado y una superficie estable para apoyar tu libro. Recuerda que el objetivo es disfrutar de la lectura sin generar tensión o incomodidad física.

Organiza tus libros: Mantén tus libros favoritos al alcance de la mano. Puedes tener una estantería cerca de tu lugar de lectura donde puedas tenerlos ordenados y visualmente atractivos. Organízalos de manera que sea fácil encontrar el libro que deseas leer en cada sesión.

Minimiza las distracciones: Antes de empezar tu sesión de lectura matutina, asegúrate de minimizar las distracciones. Apaga o silencia tu teléfono celular para evitar interrupciones innecesarias. Si vives con otras personas, avísales que estás dedicando un tiempo a la lectura y pídeles que respeten tu espacio. Establece límites claros para que puedas disfrutar de tu lectura sin interrupciones.

Añade elementos inspiradores: Puedes decorar tu espacio de lectura con elementos que te inspiren, como fotografías, citas motivadoras o plantas. Estos detalles pueden crear un ambiente acogedor y estimulante, generando una sensación de tranquilidad y bienestar durante tus sesiones de lectura.

La creación de un ambiente propicio para la lectura es personal y depende de tus preferencias y posibilidades. Lo importante es que te sientas cómodo y puedas sumergirte en tus libros sin distracciones. ¡Disfruta de tu espacio de lectura y permite que los libros te transporten a mundos maravillosos!

Elige libros que te interesen: Selecciona libros que te inspiren, te enseñen o te hagan reflexionar. Pueden ser libros de ficción, no ficción, desarrollo personal, biografías, ensayos o cualquier otro género que despierte tu curiosidad. La clave es elegir libros que realmente te motiven a leer.

Al elegir libros para tu rutina de lectura matutina, es importante seleccionar aquellos que realmente te interesen y te motiven a sumergirte en sus páginas. Aquí te comparto algunos consejos para elegir los libros adecuados:

Explora tus intereses: Reflexiona sobre tus intereses y pasiones. ¿Hay algún tema en particular que te llame la atención o que te gustaría aprender más? Puede ser historia, ciencia, espiritualidad, crecimiento personal, ficción literaria, entre otros. Conoce tus preferencias y busca libros relacionados con esos temas.

Lee reseñas y recomendaciones: Investiga y lee reseñas de libros que te interesen. Puedes consultar opiniones en blogs literarios, en plataformas de venta de libros o en comunidades de lectores. También puedes pedir recomendaciones a amigos, familiares o profesionales del ámbito literario. Las recomendaciones de personas afines a tus intereses pueden ayudarte a descubrir libros que quizás no habías considerado.

Explora diferentes géneros: No te limites a un solo género literario. Atrévete a explorar diferentes géneros y estilos de escritura. La variedad te brindará una experiencia de lectura enriquecedora y te permitirá descubrir nuevos horizontes literarios. Prueba con novelas, ensayos, poesía, biografías, cuentos cortos, entre otros. Cada género tiene su encanto y te brindará diferentes perspectivas.

Busca recomendaciones de autores reconocidos: Investiga sobre autores reconocidos en tus áreas de interés. Muchas veces, los escritores más destacados tienen una amplia bibliografía que abarca diversos temas. Explora las obras de autores que admires y descubre sus propuestas literarias.

Visita librerías y bibliotecas: Acude a librerías o bibliotecas y explora las estanterías. Toma tu tiempo para ojear los libros, leer las sinopsis y hojear algunas páginas. Este proceso de exploración te permitirá descubrir títulos que llamen tu atención y te atraigan.

Recuerda que la elección de libros es personal y subjetiva. Lo importante es que encuentres aquellos que te cautiven y te motiven a dedicar tiempo a la lectura matutina. ¡Permítete explorar y disfrutar de las maravillas que los libros tienen para ofrecerte!

Establece metas de lectura: Fija metas realistas para la cantidad de páginas o capítulos que deseas leer cada día. Esto te ayudará a mantenerte enfocado y a avanzar en tu proceso de lectura. Puedes utilizar un marcador o una libreta para llevar un registro de tu progreso.

Aprovecha los recursos digitales: Si prefieres leer en formato digital, aprovecha los recursos digitales como libros electrónicos, aplicaciones de lectura o audiolibros. Estas opciones te permiten acceder a una amplia variedad de contenido de manera conveniente y portátil.

Si prefieres la comodidad de leer en formato digital, aprovecha los recursos disponibles en el mundo digital. Aquí te menciono algunas opciones:

Libros electrónicos: Los libros electrónicos, también conocidos como eBooks, son versiones digitales de los libros impresos. Puedes encontrar una amplia variedad de títulos en plataformas y tiendas en línea especializadas. Estas plataformas suelen ofrecer opciones de compra, descarga gratuita o suscripciones que te permiten acceder a una amplia biblioteca digital.

Aplicaciones de lectura: Existen diversas aplicaciones de lectura disponibles para dispositivos móviles y tabletas. Estas aplicaciones te permiten acceder a una gran cantidad de libros digitales y gestionar tu biblioteca personal. Algunas de las aplicaciones más populares incluyen Kindle, Google Play Libros, Apple Books y Kobo. Estas aplicaciones suelen ofrecer funciones como marcadores, subrayado de texto y ajuste de tamaño y estilo de fuente para una experiencia de lectura personalizada.

Audiolibros: Si prefieres escuchar en lugar de leer, los audiolibros son una excelente opción. Los audiolibros te permiten disfrutar de narraciones profesionales de libros mientras realizas otras actividades, como hacer ejercicio, cocinar o desplazarte. Puedes encontrar audiolibros en plataformas como Audible, Google Play Libros, Apple Books y muchas bibliotecas públicas ofrecen servicios de préstamo de audiolibros en línea.

Suscripciones y bibliotecas digitales: Algunas plataformas ofrecen servicios de suscripción o membresía que te permiten acceder a una amplia biblioteca de libros digitales. Por ejemplo, Amazon Prime ofrece una biblioteca de préstamos gratuitos para sus miembros, y algunas bibliotecas públicas tienen servicios en línea donde puedes acceder a libros digitales de forma gratuita con tu membresía de biblioteca.

Recuerda que la clave está en la constancia y el compromiso. Incluir la lectura y el aprendizaje en tu rutina matutina requiere disciplina, pero los beneficios son enormes. A medida que te sumerjas en el mundo de la lectura y el aprendizaje, notarás cómo estos hábitos enriquecen tu vida, amplían tus conocimientos y te impulsan hacia el crecimiento personal.

Capítulo 11:

Planificación y Organización

Maximizando tu día desde el principio

En este capítulo, estudiamos la importancia de una buena planificación y organización desde las primeras horas del día. Descubre cómo puedes optimizar tu tiempo, establecer prioridades claras y lograr una mayor productividad y efectividad en todas tus actividades diarias. Acompáñanos en este viaje hacia una vida más organizada y satisfactoria. ¡Comencemos!

La importancia de la planificación y la organización en las mañanas

En las mañanas, la planificación y la organización desempeñan un papel fundamental en nuestra vida. Establecer una buena estructura y orden desde el inicio del día nos brinda múltiples beneficios y nos ayuda a aprovechar al máximo nuestras horas.

La planificación nos permite tener claridad sobre nuestras metas, objetivos y tareas pendientes. Al dedicar tiempo a establecer prioridades y elaborar una lista de actividades, podemos enfocar nuestra energía en lo realmente importante y evitar perder tiempo en tareas innecesarias.

La organización, por otro lado, nos ayuda a crear un entorno ordenado y funcional. Cuando tenemos nuestras cosas en su lugar y contamos con un sistema de organización eficiente, reducimos el estrés y el caos en nuestra rutina diaria. Además, nos resulta más fácil encontrar lo que necesitamos y minimizamos la pérdida de tiempo buscando objetos o documentos extraviados.

Al implementar una planificación y organización adecuadas en las mañanas, nos brindamos a nosotros mismos una base sólida para el resto del día. Nos sentimos más preparados, enfocados y capacitados para enfrentar los desafíos que se presenten. Además, al tener una visión clara de nuestras responsabilidades y un sistema organizativo efectivo, podemos minimizar la posibilidad de olvidar o posponer tareas importantes.

La planificación y organización matutina también nos permiten optimizar nuestro tiempo y ser más productivos. Al tener una estructura establecida, podemos asignar el tiempo adecuado a cada actividad y evitar la procrastinación. Además, al tener una idea clara de lo que nos espera en el día, podemos anticipar posibles obstáculos y tomar medidas preventivas.

Técnicas y herramientas para gestionar eficientemente tu tiempo y tareas

Cuando se trata de gestionar eficientemente nuestro tiempo y tareas, es fundamental contar con técnicas y herramientas efectivas que nos ayuden a optimizar nuestra productividad y mantenernos organizados. A continuación, exploraremos algunas de estas técnicas y herramientas que pueden ser de gran utilidad:

Priorización de tareas: La técnica de priorización nos permite identificar las tareas más importantes y urgentes, y asignarles la atención y el tiempo adecuados. Una forma efectiva de priorizar es utilizar la matriz de Eisenhower, que divide las tareas en cuatro categorías: importantes y urgentes, importantes pero no urgentes, urgentes pero no importantes, y ni importantes ni urgentes.

Al priorizar de esta manera, podemos enfocar nuestros esfuerzos en las tareas que realmente requieren nuestra atención inmediata.

Técnica Pomodoro: Esta técnica se basa en la idea de trabajar en bloques de tiempo concentrados, seguidos de breves descansos. Consiste en establecer un temporizador durante un período determinado (generalmente 25 minutos), trabajar en una tarea específica durante ese tiempo y luego tomar un descanso corto (generalmente 5 minutos). Después de completar un cierto número de ciclos, se toma un descanso más largo. Esta técnica nos ayuda a mantenernos enfocados y productivos, evitando la procrastinación y el agotamiento mental.

La técnica Pomodoro es una herramienta valiosa para mejorar la productividad y la concentración. Al trabajar en bloques de tiempo concentrados y tomar descansos regulares, puedes optimizar tu rendimiento y mantener un equilibrio saludable entre el trabajo y el descanso. Prueba esta técnica en tu rutina diaria y descubre cómo puede potenciar tu eficiencia y tu bienestar general.

La técnica Pomodoro es una estrategia eficaz para mejorar la productividad y la concentración en nuestras tareas diarias. Su nombre proviene de los cronómetros de cocina en forma de tomate (pomodoro en italiano) que se utilizaban originalmente para medir el tiempo.

La idea central de esta técnica es dividir el trabajo en intervalos de tiempo definidos, llamados "pomodoros", que suelen durar alrededor de 25 minutos. Durante cada pomodoro, te enfocas en una tarea específica sin ninguna distracción externa. Una vez que se agota el tiempo, tomas un breve descanso de aproximadamente 5 minutos para relajarte y recargar energías.

Esta estructura de trabajo en bloques de tiempo nos ayuda a mantenernos concentrados y productivos. Al establecer un límite de tiempo para cada tarea, nos sentimos motivados a trabajar con mayor intensidad y a evitar la procrastinación. Además, los descansos regulares nos permiten desconectar y recuperar fuerzas para la siguiente tarea.

Una vez que completas cuatro pomodoros seguidos, es recomendable tomar un descanso más largo, de aproximadamente 15 a 30 minutos. Este descanso prolongado te permite desconectar completamente del trabajo y descansar para poder volver con renovada energía.

La técnica Pomodoro tiene varios beneficios. En primer lugar, te ayuda a combatir la tendencia a la distracción y a mantener el enfoque en la tarea que estás realizando. Al dividir el trabajo en intervalos manejables, resulta más fácil mantener la concentración y evitar la dispersión.

Además, esta técnica ayuda a combatir el agotamiento mental y el estrés. Los descansos cortos permiten relajarse brevemente y liberar la tensión acumulada, lo que ayuda a mantener un equilibrio emocional y evitar la fatiga.

Otro beneficio importante es que la técnica Pomodoro fomenta la gestión del tiempo y la planificación efectiva. Al asignar un tiempo específico para cada tarea, puedes organizar tu jornada de manera más eficiente y realizar un seguimiento de tus progresos. Esto te permite tener una visión clara de tus avances y te ayuda a priorizar y completar las tareas de manera más efectiva.

Listas de tareas y agendas: Utilizar listas de tareas y agendas nos permite visualizar claramente nuestras responsabilidades y planificar nuestro tiempo de manera efectiva. Puedes utilizar aplicaciones de gestión de tareas en tu dispositivo móvil o utilizar una agenda física. Lo importante es tener un lugar centralizado donde anotar tus tareas pendientes, asignarles fechas límite y hacer un seguimiento de su progreso. Al mantener una lista organizada, puedes evitar olvidos y tener una visión clara de tus próximas acciones.

Automatización y delegación: No todas las tareas requieren tu atención directa. Identifica aquellas tareas que puedes automatizar o delegar a otras personas, liberando así tiempo y energía para enfocarte en las tareas que realmente requieren tu intervención. Utiliza herramientas tecnológicas como software de automatización, programas de gestión de proyectos o herramientas de colaboración en línea para facilitar la automatización y la delegación.

Gestión del tiempo basada en bloques: Esta técnica consiste en agrupar tareas similares o relacionadas en bloques de tiempo dedicados.

Por ejemplo, puedes asignar un bloque de tiempo para responder correos electrónicos, otro bloque para reuniones, otro para tareas creativas, etc. Al agrupar tareas similares, evitas la interrupción constante y optimizas tu enfoque y productividad.

Recuerda que cada persona tiene sus propias preferencias y necesidades, por lo que es importante encontrar las técnicas y herramientas que funcionen mejor para ti. Experimenta con diferentes enfoques y descubre cuáles te brindan los mejores resultados. La clave está en ser consciente de cómo gestionas tu tiempo y tareas, y buscar constantemente formas de mejorar y optimizar tu productividad. Con una buena gestión del tiempo, puedes maximizar tu eficiencia y lograr tus metas de manera más efectiva.

Cómo establecer prioridades y establecer un plan para el día

Establecer prioridades y planificar nuestro día es fundamental para aprovechar al máximo nuestro tiempo y asegurarnos de que estamos dedicando nuestras energías a las tareas más importantes. Aquí hay algunos pasos para ayudarte a establecer prioridades y crear un plan efectivo:

Enumera tus tareas: Comienza por hacer una lista de todas las tareas que necesitas realizar durante el día. Anota tanto las tareas grandes como las pequeñas, sin importar cuán insignificantes puedan parecer.

Evalúa la importancia: Una vez que tengas tu lista de tareas, evalúa la importancia de cada una. Pregúntate: ¿Cuáles son las tareas que tienen un impacto significativo en tus objetivos a largo plazo? ¿Cuáles son las tareas urgentes que deben realizarse pronto? Esto te ayudará a determinar cuáles son las prioridades principales.

Establece metas claras: Para cada tarea prioritaria, establece metas claras y específicas. Define lo que deseas lograr al completar esa tarea. Estas metas te darán una dirección clara y te motivarán a trabajar de manera más efectiva.

Asigna tiempo y recursos: Una vez que hayas establecido tus prioridades y metas, asigna un tiempo estimado para cada tarea. Considera cuánto tiempo aproximado te llevará completarla y reserva suficiente tiempo en tu planificación diaria. También asegúrate de contar con los recursos necesarios, como materiales o información, para llevar a cabo cada tarea.

Crea un plan: Ahora que tienes tus prioridades y metas claras, crea un plan diario. Puedes utilizar una agenda, un calendario o una aplicación de planificación para organizar tus tareas en bloques de tiempo específicos. Asegúrate de dejar espacio para descansos y momentos de transición entre las tareas.

Revisa y ajusta: A medida que avanzas en tu día, revisa tu plan y realiza ajustes si es necesario. A veces pueden surgir imprevistos o cambios de prioridades, y es importante ser flexible y adaptarse a estas situaciones. No te preocupes si no puedes completar todas las tareas en un solo día, lo importante es mantener el enfoque en las tareas más importantes y hacer progresos significativos.

Al establecer prioridades y crear un plan para el día, te sentirás más organizado y preparado para enfrentar tus responsabilidades. Tener un enfoque claro te permitirá maximizar tu tiempo y energía, y te ayudará a lograr un mayor nivel de eficiencia y satisfacción en tu vida diaria. ¡No subestimes el poder de la planificación para alcanzar tus objetivos y tener una vida más equilibrada!

Capítulo 12:

Superando los desafíos y manteniendo tus hábitos matutinos

El último capítulo de nuestro libro, "Por qué tender tu cama", nos invita a reflexionar sobre la importancia de superar los desafíos y mantener nuestros hábitos matutinos a lo largo del tiempo. En este capítulo final, exploraremos estrategias y consejos prácticos para superar las dificultades que puedan surgir en el camino y para mantenernos firmes en nuestros hábitos matutinos, brindándonos así una base sólida para una vida equilibrada y exitosa. Aprenderemos a enfrentar las tentaciones, a lidiar con el cansancio y a mantener la motivación a largo plazo. ¡Descubre cómo superar los obstáculos y convertir tus hábitos matutinos en un estilo de vida duradero y transformador!

Identificación de posibles obstáculos y desafíos para mantener una rutina matutina

A lo largo de nuestra trayectoria para mantener una rutina matutina, es importante ser conscientes de los posibles obstáculos y desafíos que podríamos enfrentar. Identificarlos nos permitirá estar preparados y encontrar soluciones efectivas para superarlos. Algunos de los obstáculos comunes podrían ser la falta de motivación, la tentación de quedarse en la cama, la falta de tiempo, las distracciones externas o la resistencia al cambio. Es importante recordar que estos obstáculos son normales y pueden surgir en cualquier momento.

Sin embargo, con determinación y estrategias adecuadas, podemos superarlos y mantener nuestra rutina matutina. En el último capítulo de nuestro libro, exploraremos técnicas y consejos prácticos para enfrentar estos desafíos, adaptar nuestra rutina a nuestras necesidades individuales y encontrar la motivación constante para mantener nuestros hábitos matutinos. ¡Descubre cómo superar los obstáculos y mantener una rutina matutina exitosa a largo plazo!

Estrategias para superar la falta de motivación y mantener la disciplina

La falta de motivación puede ser un desafío común al mantener una rutina matutina. Sin embargo, existen estrategias efectivas para superarla y mantener la disciplina en nuestros hábitos matutinos.

Establece metas claras: Define metas claras y realistas para tu rutina matutina. Estas metas deben ser significativas y alineadas con tus valores y objetivos personales. Al tener una visión clara de lo que deseas lograr, estarás más motivado para mantener tu disciplina.

Encuentra tu "por qué": Reflexiona sobre las razones por las que deseas mantener una rutina matutina. ¿Qué beneficios te aporta? ¿Cómo te hace sentir? Al identificar tu "por qué", podrás recordarlo en momentos de falta de motivación y encontrar la determinación necesaria para seguir adelante.

Celebra tus logros: Reconoce y celebra tus logros, por pequeños que sean. Cada vez que cumplas con tu rutina matutina, tómate un momento para celebrar tus avances y recompensarte de alguna manera. Esto refuerza la sensación de logro y te motiva a continuar.

Encuentra inspiración externa: Busca fuentes de inspiración que te motiven a mantener tu disciplina. Pueden ser libros, podcasts, videos o personas que admires. Consume contenido que te impulse y te recuerde la importancia de mantener tus hábitos matutinos.

Ajusta tu rutina según tus necesidades: Si encuentras que tu rutina matutina se ha vuelto monótona o aburrida, es posible que necesites ajustarla para mantenerla interesante. Agrega actividades nuevas o cambia el orden de tus tareas para mantener la motivación y el interés.

Busca apoyo y rendición de cuentas: Comparte tus metas y desafíos con alguien de confianza, como un amigo, un familiar o un compañero. El apoyo y la rendición de cuentas pueden ser poderosos impulsores de la disciplina y la motivación.

Practica el autocuidado: No subestimes el poder del autocuidado en tu motivación y disciplina. Asegúrate de descansar lo suficiente, alimentarte adecuadamente y cuidar tu bienestar emocional. Cuando te sientas bien contigo mismo, será más fácil mantener la disciplina en tus hábitos matutinos.

Recuerda que la motivación puede fluctuar, pero la disciplina es lo que nos lleva a seguir adelante incluso cuando no nos sentimos motivados. Utiliza estas estrategias para superar la falta de motivación y mantener tu disciplina en tu rutina matutina. ¡Verás cómo te beneficia a largo plazo y transforma tu vida!

Consejos para adaptar y ajustar tus hábitos matutinos a lo largo del tiempo

Adaptar y ajustar nuestros hábitos matutinos a lo largo del tiempo es una parte natural de nuestro crecimiento y evolución personal. A medida que cambian nuestras circunstancias y prioridades, es importante estar abiertos a realizar modificaciones en nuestra rutina matutina. Aquí te presento algunos consejos para adaptar y ajustar tus hábitos matutinos a lo largo del tiempo:

Evalúa tus metas y prioridades: Regularmente, evalúa tus metas y prioridades para asegurarte de que tus hábitos matutinos estén alineados con lo que realmente quieres lograr en tu vida. Si tus objetivos han cambiado, es posible que necesites ajustar tus rutinas para reflejar esas nuevas prioridades.

Sé flexible y abierto al cambio: Reconoce que la vida está llena de cambios y que es normal que tus hábitos matutinos también cambien con el tiempo. Sé flexible y abierto a adaptarte a nuevas circunstancias y necesidades.

Haz pequeños ajustes graduales: Si deseas realizar cambios en tu rutina matutina, hazlo de manera gradual. Realiza pequeños ajustes en lugar de hacer cambios drásticos de un solo golpe. Esto te permitirá adaptarte más fácilmente y aumentar las posibilidades de éxito a largo plazo.

Prueba nuevas actividades: A medida que creces y te desarrollas, es posible que desees probar nuevas actividades o incorporar nuevos elementos a tu rutina matutina. Permítete experimentar y descubrir qué funciona mejor para ti en cada etapa de tu vida.

Ajusta el tiempo de acuerdo a tus necesidades: Evalúa si el tiempo que dedicas a tu rutina matutina sigue siendo adecuado para ti. Quizás necesites ajustar el tiempo que le dedicas a cada actividad o incluso modificar la duración de tu rutina en general para adaptarla a tus necesidades actuales.

Escucha a tu cuerpo y a tu mente: Presta atención a las señales que tu cuerpo y tu mente te envían. Si sientes que algo no está funcionando en tu rutina matutina actual, tómate el tiempo para reflexionar sobre ello y realizar los ajustes necesarios.

Mantén la consistencia en los elementos clave: Aunque es importante adaptar y ajustar tus hábitos matutinos, también es fundamental mantener la consistencia en los elementos clave que te aportan beneficios significativos. Identifica aquellas actividades que son esenciales para ti y asegúrate de mantenerlas en tu rutina de manera constante.

Recuerda que tus hábitos matutinos están destinados a ser una herramienta flexible que te ayude a empezar el día de manera positiva y productiva. Permite que tus rutinas evolucionen contigo a medida que avanzas en tu viaje personal y mantén una mentalidad abierta para adaptarte a los cambios que la vida te presente.

Conclusión

El acto de tender tu cama por la mañana va más allá de una simple tarea doméstica. Es un hábito matutino poderoso que tiene el potencial de moldear tu vida de manera positiva. A lo largo de este libro, hemos explorado los diversos beneficios de esta práctica y cómo los hábitos matutinos en general pueden influir en nuestro bienestar físico, mental y emocional.

Hemos descubierto que al levantarnos temprano y tender nuestra cama, establecemos una base sólida para el resto del día. Esta pequeña victoria nos brinda una sensación de logro y disciplina que nos impulsa hacia adelante. Nos ayuda a cultivar la confianza en nosotros mismos y a desarrollar una mentalidad orientada hacia el éxito.

Además, hemos explorado cómo nuestros hábitos matutinos pueden influir en áreas clave de nuestra vida, como la salud, las relaciones, la productividad y el crecimiento personal.

Desde establecer intenciones diarias hasta cultivar la gratitud, la meditación y el aprendizaje temprano, cada hábito matutino tiene un propósito y un impacto significativo en nuestra vida.

A lo largo de este libro, también hemos proporcionado herramientas, consejos y técnicas prácticas para ayudarte a desarrollar y mantener tus hábitos matutinos de manera efectiva. Desde la importancia de la planificación y la organización hasta la incorporación de la actividad física y la lectura, hemos brindado una guía para que puedas aprovechar al máximo tus mañanas y establecer una base sólida para un día exitoso y gratificante.

Recuerda, el éxito y la transformación personal comienzan desde el momento en que te levantas de la cama. Cada mañana es una oportunidad para empezar de nuevo, para establecer intenciones poderosas y para tomar el control de tu vida. Permítete abrazar el poder de tus hábitos matutinos y observa cómo moldean tu vida de manera positiva.

Así que adelante, levántate temprano, tiende tu cama y abraza cada nuevo día con determinación, gratitud y una mentalidad de crecimiento. ¡Tu futuro está en tus manos y tus hábitos matutinos te ayudarán a forjar el camino hacia el éxito y la plenitud!

Ya sea que estés buscando aumentar tu productividad, mejorar tu bienestar emocional o simplemente encontrar equilibrio en tu vida diaria, este libro te brinda las herramientas y el conocimiento para comenzar a transformar tus hábitos matutinos y, en última instancia, moldear tu vida de manera positiva.

Los autores te invitan a un viaje de autorreflexión y autodescubrimiento, alentándote a levantarte temprano, tender tu cama y abrazar cada nueva mañana como una oportunidad para crecer, aprender y vivir plenamente.

¡"Por qué tender tu cama: Cómo los Hábitos Matutinos Moldean tu Vida" es tu guía para comenzar a crear una vida más equilibrada, satisfactoria y exitosa desde el momento en que te levantas de la cama cada mañana!

¡Aquí tienes las herramientas y el conocimiento, ahora depende de ti ponerlo en práctica y experimentar el impacto

transformador de tus hábitos matutinos en tu
propia vida!

Por qué tender tu cama: Cómo los Hábitos Matutinos Moldean tu Vida

serán responsables de los daños y perjuicios físicos, psicológicos, emocionales, financieros o comerciales. Nuestros puntos de vista y derechos son los mismos: Tienes que probarlo todo por ti mismo de acuerdo con tu propia situación, talentos e inspiraciones. Eres responsable de tus propias decisiones, elecciones, acciones y resultados.

OTRAS OBRAS DEL AUTOR

- Hábitos que resaltan tu personalidad

- 13 Hábitos de la gente altamente eficiente

- En busca de la Superación Personal

- Cómo y porqué aprender a sublimar tazas y thermos

- Como Crear un huerto para cultivos en casa

- El camino es la meta

- 13 Habits of highly efficient people

- Habits that highlight your personality

- Turismo de salud y bienestar

- Economías naranja

- Cuándo buscar consejería matrimonial

- La Inteligencia artificial al servicio de la humanidad

- Terapia de pareja cognitivo-conductual (TCC)

- Construye tu imagen de marca como autor

- Paz interior mediante meditación

- El Poder de los Hábitos Cotidianos

- Pasos para que sucedan cosas buenas

- Los Secretos de los millonarios

- Caminando con Cristo

- Plantar, Regar y Esperar en Dios

- Evangelismo- Un Viaje Espiritual

- Cómo ser autodidacta

- Ser positivo: Cómo ser más productivo y exitoso

- Cómo ser optimista

- Caminar es salud

- Cómo eliminar los frenos mentales

- Inspiración y propósitos para Adolescentes

- Jóvenes con Propósitos en el siglo 21

*Gracias, para ayudarte en tus proyectos
digitales, contáctanos:*
https://<u>pedroaguerovallejo.com</u>

<u>https://wa.link/e4caie</u>

<u>https://www.instagram.com/scritor1</u>

Todos mis libros